Le Delizie della Pasticceria
Ricette di Torte per Principianti

Giulia Bianchi

Indice

crostate alla crema danese...12

torte di frutta..13

torta genovese..15

torta di pan di zenzero..16

Torte di gelatina..17

torta di noci pecan..18

Crostata di mele e noci pecan 19

Crostata di Gainsborough...20

Torta al limone...21

tortine al limone 22

torta all'arancia..23

torta di pere...24

Crostata di pere e mandorle...25

Crostata reale all'uvetta..27

Torta all'uvetta e panna acida 29

Torta alle fragole 30

torta di melassa 32

Torta di noci e melassa 33

Torta Amish Shoo-fly 34

fetta di crema pasticcera di Boston..35

Torta americana della montagna bianca..36

Torta americana al latticello..38

Torta caraibica allo zenzero e rum 39

Torta Sacher	40
Torta al rum caraibico	42
Torta al burro danese	44
Torta al cardamomo danese	45
Gateau Pithiviers	46
Galette des Rois	48
Crema al caramello	49
Gugelhopf	50
Gugelhopf al cioccolato di lusso	52
Rubato	54
Stollen alla mandorla	56
Stollen al pistacchio	58
baklava	60
Turbinii di stress ungheresi	61
Panforte	63
Torta a nastro di maccheroni	64
Dolce Di Riso Italiano Con Grand Marnier	65
Pan di Spagna siciliano	66
Torta Di Ricotta Italiana	68
Torta di vermicelli italiana	69
Torta di Noci e Mascarpone	70
Torta di mele olandese	71
Torta Norvegese Normale	72
Kransekake norvegese	73
Torte portoghesi al cocco	74
Torta Tosca Scandinava	75
Biscotti Hertzog dal Sudafrica	76

Torta basca 77

Prisma di mandorle e crema di formaggio 79

Torta della Foresta Nera 81

Gâteau cioccolato e mandorle 82

Torta Cheesecake Al Cioccolato 83

Torta al cioccolato fondente 85

Gâteau alla carruba e menta 87

Torta al caffè ghiacciata 88

Anello Gâteau Caffè e Noci 89

Gâteau al cioccolato e crema pasticcera danese 91

torta di frutta 93

savarin alla frutta 94

Torta a strati di pan di zenzero 96

Gâteau di uva e pesche 97

Torta al Limone 99

Gateau Marrone 100

millefoglie 102

Torta all'arancia 103

Gâteau di marmellata di arance a quattro strati 104

Gateau di noci pecan e datteri 106

Gâteau di prugne e cannella 108

Potare il gateau a strati 109

torta a strisce arcobaleno 111

Gateau St-Honoré 113

Choux Gâteau alle fragole 115

Gâteau Di Frutta Alla Fragola 116

Torta spagnola di Malaga 117

glassa di glassa 118

Caffè Glacé Glacé 118

Glassa Glacè al Limone.. 119

Glassa All'arancia 119

Rum Glacé Glacé 120

Glacé alla vaniglia Glacé.. 120

Glassa Di Cioccolato Bollito.. 121

copertura al cioccolato e cocco 121

topping al fondente 123

Dolce copertura Requeijão 123

Glassa di velluto americano 124

glassa al burro 124

glassa al caramello 125

glassa al limone 125

Glassa al burro al caffè.. 126

Glassa di Lady Baltimora 127

gelo bianco 128

Copertura bianco crema 128

soffice gelo bianco 130

copertura di zucchero di canna... 131

Topping alla crema alla vaniglia 132

crema alla vaniglia... 133

ripieno di crema 134

Ripieno di crema danese... 135

Ricco ripieno di crema danese 136

Crema pasticcera.. 137

Farcitura con crema allo zenzero 138

Ripieno al limone 139

glassa al cioccolato 140

Glassa alla torta di frutta 141

Glassa per torta di frutta all'arancia 141

Quadrati di meringa alle mandorle 142

gocce d'angelo 143

mandorle a lamelle 144

Tortine Bakewell 145

Torte Al Cioccolato Della Farfalla 146

torte al cocco 147

Cupcake Dolci 148

Torte al caffè 149

torte ecclesiastiche 150

torte delle fate 151

Torte Fatate Con Gelato Di Piume 152

fantasia genovese 153

maccheroni alle mandorle 153

Macaroons al cocco 155

pasta al limone 156

Amaretti d'avena 157

Madeleines 158

torte di marzapane 159

torte di Washington 160

muffin di mela 161

Muffin alla banana 162

Muffin al ribes nero 163

Muffin americani ai mirtilli 164

muffin alla ciliegia	165
Torte al cioccolato	166
Torte al cioccolato	167
muffin alla cannella	168
muffin di farina di mais	169
Muffin ai fichi interi	170
Muffin alla frutta e crusca	171
muffin all'avena	172
muffin all'avena	173
Muffin all'arancia	174
muffin alla pesca	175
Muffin al burro di arachidi	176
Muffin all'ananas	177
muffin ai lamponi	178
Muffin ai lamponi e limone	179
muffin all'uva sultanina	180
Muffin alla melassa	181
Muffin di melassa e avena	182
pane tostato d'avena	183
Frittate Di Fragole	184
Torte Di Menta Piperita	185
Torte Di Uvetta	186
Riccioli di uvetta	187
panini ai lamponi	188
Gallette di riso integrale e girasole	189
torte rock	190
Torte rock senza zucchero	191

torte allo zafferano 192

Babà al rum 193

pan di spagna 195

Pan Di Spagna Al Cioccolato 196

palle di neve estive 197

Gocce Di Spugna 198

Meringhe di base 199

meringhe alle mandorle 200

Biscotti di meringa spagnola alle mandorle 201

simpatici cestini di meringa 202

Patate fritte alle mandorle 203

Meringhe spagnole di mandorle e limone 204

Meringhe con glassa al cioccolato 205

Meringhe al cioccolato alla menta 206

Gocce Di Cioccolato E Meringhe Di Noci 206

meringhe alla nocciola 207

Torta Di Meringa Con Le Noci 208

Fette Di Amaretto Alla Nocciola 210

Strato di meringa e noci 211

Montagne di meringa 213

Meringhe alla crema di lamponi 214

Torte Ratafià 215

Vacherin al caramello 216

Focaccine semplici 217

Ricchi Gnocchi Di Uova 218

focaccine di mele 219

Scones di mele e cocco 220

Focaccine di mele e datteri 221

crostate alla crema danese

fa 8

200 g / 7 once / 1 tazza scarsa di burro o margarina

250 g / 9 once / 2¼ tazze di farina semplice (per tutti gli usi)

50 g / 2 once / 1/3 di tazza di zucchero a velo, setacciato

2 tuorli d'uovo

1 quantità di ripieno di crema danese

Strofina il burro o la margarina nella farina e nello zucchero finché il composto non assomiglia al pangrattato. Aggiungere i tuorli e mescolare bene. Coprire con pellicola trasparente (pellicola) e conservare in frigorifero per 1 ora. Stendete due terzi dell'impasto (pasta) e usatelo per rivestire degli stampini imburrati per tartellette (stampi per hamburger). Farcire con la crema pasticcera. Stendere l'impasto rimanente e tagliare la parte superiore delle torte. Inumidire i bordi e premere per sigillare. Cuocere in forno preriscaldato a 200°C/400°F/gas mark 6 per 15–20 minuti fino a doratura. Lascia raffreddare nei barattoli.

torte di frutta

12 anni fa

75 g / 3 once / 1/3 di tazza di burro o margarina, a dadini

175 g / 6 once / 1½ tazza di farina (per tutti gli usi)

45 ml / 3 cucchiai di zucchero semolato (superfino)

10 ml / 2 cucchiaini di buccia d'arancia finemente grattugiata

1 tuorlo d'uovo

15 ml / 1 cucchiaio di acqua

175 g / 6 once / ¾ tazza di formaggio cremoso

15 ml / 1 cucchiaio di latte

350 g / 12 oz di frutta mista, come uva tagliata a metà e senza semi, spicchi di mandarino, fragole a fette, more o lamponi

45 ml / 3 cucchiai di marmellata di albicocche (conserva), setacciata (colata)

15 ml / 1 cucchiaio di acqua

Strofina il burro o la margarina nella farina fino a quando il composto non assomiglia al pangrattato. Aggiungere 30 ml/2 cucchiai di zucchero e metà della scorza d'arancia. Aggiungere il tuorlo d'uovo e l'acqua quanto basta per formare un impasto morbido. Avvolgere in un involucro di plastica (involucro di plastica) e conservare in frigorifero per 30 minuti.

Stendere la pasta (pasta) a uno spessore di 3 mm / 1/8 su un piano leggermente infarinato e utilizzare per rivestire 12 stampini di barquette (a forma di barchetta) o tartellette. Coprire con carta da forno (oleata), farcire con i fagioli e cuocere in forno preriscaldato a 190°C / 375°F / gas 5 per 10 minuti. Togliete la carta e i fagioli e infornate per altri 5 minuti fino a doratura. Lasciare raffreddare negli stampini per 5 minuti e poi infornare per completare il raffreddamento.

Sbattere il formaggio con il latte, lo zucchero rimanente e la scorza d'arancia fino a ottenere un composto omogeneo. Versare negli stampini (conchiglie per torte) e adagiarvi sopra la frutta. Riscaldare la marmellata e l'acqua in una piccola casseruola fino a quando non saranno ben amalgamati, quindi spennellare sulla frutta per glassare. Raffreddare prima di servire.

torta genovese

Fa un 23 cm / 9 nella torta

100 g / 4 oz Pasta sfoglia

50 g / 2 once / ¼ tazza di burro o margarina, ammorbidito

75 g / 3 once / 1/3 di tazza di zucchero semolato (superfino)

75 g / 3 once / ¾ tazza di mandorle, tritate

3 uova, separate

2,5 ml / ½ cucchiaino di essenza di vaniglia (estratto)

100 g / 4 once / 1 tazza di farina semplice (per tutti gli usi)

100 g / 4 once / 2/3 tazza di zucchero a velo (da pasticcere), setacciato

Succo di ½ limone

Stendere la pasta su un piano leggermente infarinato e rivestire una tortiera da 23 cm/9 (stampo). Bucherellare il tutto con una forchetta. Sbattere il burro o la margarina e lo zucchero raffinato fino a ottenere un composto chiaro e spumoso. Aggiungere gradualmente le mandorle, i tuorli d'uovo e l'essenza di vaniglia. Aggiungere la farina. Montare a neve ferma gli albumi, poi incorporarli al composto. Versare nello stampo da pasticceria (torta) e cuocere in forno preriscaldato a 190 °C / 375 °F / gas mark 5 per 30 minuti. Lascia raffreddare per 5 minuti. Mescolare lo zucchero a velo con il succo di limone e spalmare sopra la torta.

torta di pan di zenzero

Fa un 23 cm / 9 nella torta

225 g / 8 once / 2/3 tazza di sciroppo d'oro (mais chiaro)

250 ml / 8 fl oz / 1 tazza di acqua bollente

2,5 ml / ½ cucchiaino di zenzero in polvere

60 ml / 4 cucchiai di zenzero cristallizzato tritato finemente (candito)

30 ml / 2 cucchiai di farina di mais (amido di mais)

15 ml / 1 cucchiaio di panna in polvere

1 confezione di pan di spagna base

Portare a ebollizione lo sciroppo, l'acqua e lo zenzero macinato, quindi aggiungere lo zenzero candito. Mescolare la farina di mais e la panna in polvere con un po' d'acqua, unirle al composto di zenzero e cuocere a fuoco basso per qualche minuto, mescolando continuamente. Mettere il ripieno nella tortiera (guscio) e lasciare raffreddare e indurire.

Torte di gelatina

12 anni fa

Pasta Frolla 225 g / 8 oz

175 g / 6 oz / ½ tazza di gelatina di frutta solida o intera (conserve)

Stendere la pasta (pasta) e foderare una teglia unta (teglia). Dividi la marmellata tra le torte e mettila in forno preriscaldato a 200 ° C / 400 ° F / gas mark 6 per 15 minuti.

torta di noci pecan

Fa un 23 cm / 9 nella torta
Pasta Frolla 225 g / 8 oz

50 g / 2 once / ½ tazza di noci pecan

3 uova

225 g / 8 once / 2/3 tazza di sciroppo d'oro (mais chiaro)

75 g / 3 once / 1/3 di tazza di zucchero di canna morbido

2,5 ml / ½ cucchiaino di essenza di vaniglia (estratto)

Un po' di sale

Stendere la pasta (pasta) su un piano leggermente infarinato e utilizzare per rivestire una tortiera da budino da 23 cm unta / 9. Coprire con carta da forno (oleata), riempire con i fagioli e cuocere alla cieca in forno preriscaldato a 190 ° C / 375 ° F / gas mark 5 per 10 minuti. Rimuovere carta e fagioli.

Disporre le noci in un motivo attraente nella teglia. Sbattete le uova fino ad ottenere una crema chiara e spumosa. Aggiungere lo sciroppo, poi lo zucchero e continuare a sbattere fino a quando lo zucchero non si scioglie. Aggiungere l'essenza di vaniglia e il sale e sbattere fino a che liscio. Mettere il composto nello stampo e mettere in forno preriscaldato per 10 minuti. Ridurre la temperatura del forno a 180°C / 350°F / gas mark 4 e cuocere per altri 30 minuti fino a doratura. Lasciare raffreddare e indurire prima di servire.

Crostata di mele e noci pecan

Fa un 23 cm / 9 nella torta

2 uova

350 g / 12 oz / 1½ tazza di zucchero semolato (superfino)

50 g / 2 once / ½ tazza di farina semplice (per tutti gli usi)

10 ml / 2 cucchiaini di lievito in polvere

Un po' di sale

100 g / 4 oz di mele da cuocere (torta), sbucciate, private del torsolo e tagliate a cubetti

100 g / 4 once / 1 tazza di noci pecan o noci

150 ml / ¼ pt / 2/3 tazza di panna montata

Sbattere le uova fino a renderle chiare e spumose. Mescolare tutti gli ingredienti rimanenti, tranne la panna, uno alla volta nell'ordine elencato. Versare in una tortiera (teglia) da 23 cm unta e foderata e cuocere in forno preriscaldato a 160°C / 325°F / gas 3 per circa 45 minuti fino a quando non sarà ben lievitata e dorata. Servire con la panna.

Crostata di Gainsborough

Fa una torta di 20 cm / 8 pollici

25 g / 1 oz / 2 cucchiai di burro o margarina

2,5 ml / ½ cucchiaino di lievito in polvere

50 g / 2 once / ¼ di tazza di zucchero semolato (superfino)

100 g / 4 once / 1 tazza di cocco essiccato (grattugiato)

50 g di ciliegie glassate (candite), tritate

2 uova sbattute

Sciogliere il burro, unire gli altri ingredienti e versare in una tortiera da 20 cm imburrata e foderata. Cuocere in forno preriscaldato a 180°C/350°F/gas mark 4 per 30 minuti fino a quando risulta morbido al tatto.

Torta al limone

Fa una torta di 25 cm / 10 na
Pasta Frolla 225 g / 8 oz

100 g / 4 once / ½ tazza di burro o margarina

4 uova

Scorza grattugiata e succo di 2 limoni

100 g / 4 once / ½ tazza di zucchero semolato (superfino)

250 ml / 8 fl oz / 1 tazza di panna doppia (pesante)

Foglie di menta per decorare

Stendere la pasta (pasta) su un piano leggermente infarinato e rivestire uno stampo da crostata (teglia) di 25 cm / 10 cm, bucherellare la base con una forchetta. Coprire con carta da forno (oleata) e farcire con i fagioli. Cuocere in forno preriscaldato a 200°C/400°F/gas mark 6 per 10 minuti. Togliete la carta e i fagioli e infornate per altri 5 minuti fino a quando la base sarà asciutta. Ridurre la temperatura del forno a 160°C / 325°F / gas mark 3.

Sciogli il burro o la margarina e lascia raffreddare per 1 minuto. Sbattete le uova con la buccia e il succo di limone. Aggiungere il burro, lo zucchero e la panna. Versare nella base dell'impasto e cuocere a temperatura ridotta per 20 minuti. Lasciar raffreddare e mettere in frigo prima di servire, decorando con foglioline di menta.

tortine al limone

12 anni fa

225 g / 8 once / 1 tazza di burro o margarina, ammorbidito

75 g di zucchero a velo (da pasticcere), setacciato

175 g / 6 once / 1½ tazza di farina (per tutti gli usi)

50 g / 2 once / ½ tazza di farina di mais (amido di mais)

5 ml / 1 cucchiaino di scorza di limone grattugiata

Al tetto:

30 ml / 2 cucchiai di cagliata di limone

30 ml / 2 cucchiai di zucchero a velo, setacciato

Mescolare tutti gli ingredienti della torta insieme fino a che liscio. Versare in un sac à poche e condire in modo decorativo in 12 pirottini di carta posti in una teglia (teglia pastello). Cuocere in forno preriscaldato a 180°C/350°F/gas mark 4 per 20 minuti fino a doratura. Fate raffreddare leggermente, mettete sopra ogni torta un cucchiaio di lemon curd e cospargete di zucchero a velo.

torta all'arancia

Fa un 23 cm / 9 nella torta

1 confezione di pan di spagna base

400 ml / 14 fl oz / 1¾ tazze di succo d'arancia

150 g / 5 once / 2/3 tazza di zucchero semolato (superfino)

30 ml / 2 cucchiai di panna in polvere

15 g / ½ oz / 1 cucchiaio di burro o margarina

15 ml / 1 cucchiaio di buccia d'arancia grattugiata

Qualche fettina di arancia candita (opzionale)

Preparare la scatola base di pan di spagna (guscio). Durante la cottura, mescolare 250 ml / 8 fl oz / 1 tazza di succo d'arancia con lo zucchero, la panna in polvere e il burro o la margarina. Portare il composto a ebollizione a fuoco basso e cuocere delicatamente fino a quando diventa trasparente e denso. Aggiungere la scorza d'arancia. Non appena la scatola del budino esce dal forno, irrorare con il restante succo d'arancia, versare il ripieno all'arancia nel budino e lasciarlo raffreddare e solidificare. Decorate a piacere con fettine di arancia candita.

torta di pere

Fa una torta di 20 cm / 8 pollici
1 quantità di Pâte Sucrée

Per il ripieno:
150 ml / ¼ pt / 2/3 tazza di panna doppia (pesante)

2 uova

50 g / 2 once / ¼ di tazza di zucchero semolato (superfino)

5 pere

Per la glassa:

75 ml / 5 cucchiai di gelatina di ribes (trasparente in scatola)

30 ml / 2 cucchiai d'acqua

Un succo di limone spremuto

Aprire la pâte sucrée e foderare una tortiera da 20 cm di diametro, ricoprire con carta da forno (oleata) e farcire con i fagioli e cuocere in forno preriscaldato a 190 °C / 375 °F / gas 5 per 12 minuti. Sfornate, eliminate la carta ei fagioli e lasciate raffreddare.

Per fare il ripieno, mescolare la panna, le uova e lo zucchero. Sbucciare e togliere il torsolo alle pere e tagliarle a metà nel senso della lunghezza. Posizionare la parte tagliata verso il basso e tagliare quasi al centro delle pere, ma lasciandole comunque intatte. Disporre in una scatola per torte (guscio). Versare sopra il composto di crema pasticcera e cuocere in forno preriscaldato a 190°C / 375°F / gas mark 4 per 45 minuti, coprendo con carta da forno (oleata) se si scurisce prima che si solidifichi. Lasciate raffreddare.

Per preparare la glassa, sciogliere la marmellata, l'acqua e il succo di limone in una piccola casseruola fino a quando non saranno ben amalgamati. Spennellate la frutta mentre la glassa è ancora calda e lasciate rapprendere. Servire lo stesso giorno.

Crostata di pere e mandorle

Fa una torta di 20 cm / 8 pollici

Per la pasta frolla (pasta):

100 g / 4 once / 1 tazza di farina semplice (per tutti gli usi)

50 g / 2 oz / ½ tazza di mandorle tritate

50 g / 2 once / ¼ di tazza di zucchero semolato (superfino)

75 g / 3 once / 1/3 di tazza di burro o margarina, a cubetti e ammorbiditi

1 tuorlo d'uovo

Qualche goccia di essenza di mandorla (estratto)

Per il ripieno:

1 tuorlo d'uovo

50 g / 2 once / ¼ di tazza di zucchero semolato (superfino)

50 g / 2 oz / ½ tazza di mandorle tritate

30 ml / 2 cucchiai di liquore alla pera o altro liquore a piacere

3 pere grandi

Per la crema:

3 uova

25 g / 1 oz / 2 cucchiai di zucchero semolato (superfino)

300 ml / ½ pt / 1¼ tazze di panna naturale (leggera)

Per preparare l'impasto, mescolate la farina, le mandorle e lo zucchero in una ciotola e fate un buco al centro. Aggiungere il burro o la margarina, il tuorlo d'uovo e l'essenza di vaniglia e mescolare gli ingredienti poco alla volta fino ad ottenere un impasto morbido. Avvolgere in un involucro di plastica (involucro di plastica) e conservare in frigorifero per 45 minuti. Stendere su una superficie infarinata e utilizzare per rivestire una tortiera da 20 cm / 8 (padella) unta e foderata C / 400 ° F / gas mark 6 per 15 minuti. Rimuovere carta e fagioli.

Per fare il ripieno, sbattere il tuorlo e lo zucchero. Aggiungete le mandorle e il liquore e mettete il composto nello stampo da pasticceria (guscio per torta). Sbucciare, togliere il torsolo e tagliare a metà le pere, quindi disporle con il lato piatto rivolto verso il basso nel ripieno.

Per preparare la crema, sbattere le uova e lo zucchero fino a renderle chiare e spumose. Aggiungi la panna. Coprire le pere con la crema e cuocere in forno preriscaldato a 180 °C / 350 °F / gas mark 4 per circa 15 minuti fino a quando la crema non si rapprende.

Crostata reale all'uvetta

Fa una torta di 20 cm / 8 pollici

Per la pasta frolla (pasta):

100 g / 4 once / ½ tazza di burro o margarina

225 g / 8 once / 2 tazze di farina semplice (per tutti gli usi)

Un po' di sale

45 ml / 3 cucchiai di acqua fredda

Per il ripieno:

50 g / 2 oz / ½ tazza di briciole di torta

175 g / 6 once / 1 tazza di uvetta

1 tuorlo d'uovo

5 ml / 1 cucchiaino di scorza di limone grattugiata

Al tetto:

225 g / 8 once / 11/3 tazze di zucchero a velo (da pasticcere), setacciato

1 albume d'uovo

5 ml / 1 cucchiaino di succo di limone

Fine:

45 ml / 3 cucchiai di gelatina di ribes (trasparente in scatola)

Per fare l'impasto, strofinare il burro o la margarina nella farina e nel sale fino a quando il composto non assomiglia al pangrattato. Mescolare in acqua fredda sufficiente per fare un impasto. Avvolgere in un involucro di plastica (involucro di plastica) e conservare in frigorifero per 30 minuti.

Stendere la pasta e rivestire una tortiera quadrata da 20 cm/8 (stampo). Amalgamate gli ingredienti del ripieno e distribuiteli sulla base, livellando la superficie. Sbattere insieme gli ingredienti per la farcitura e spalmarli sulla torta. Sbattere la marmellata di ribes rosso fino a renderla liscia, quindi posizionare un disegno a reticolo sopra la torta. Cuocere in forno preriscaldato a 190°C/375°F/gas mark 5 per 30 minuti, poi abbassare la temperatura del forno a 180°C/350°F/gas mark 4 e cuocere per altri 10 minuti.

Torta all'uvetta e panna acida

Fa un 23 cm / 9 nella torta
Pasta Frolla 225 g / 8 oz

30 ml / 2 cucchiai di farina (per tutti gli usi)

2 uova, leggermente sbattute

60 ml / 4 cucchiai di zucchero semolato (superfino)

250 ml / 8 fl oz / 1 tazza di panna acida

225 g / 8 once / 11/3 tazze di uvetta

60 ml / 4 cucchiai di rum o brandy

Qualche goccia di essenza di vaniglia (estratto)

Stendere la pasta (pasta) a uno spessore di 5 mm / ¼ su una superficie leggermente infarinata. Impastare la farina, le uova, lo zucchero e la panna, aggiungere l'uvetta, il rum o il brandy e l'essenza di vaniglia. Mettere il composto nella tortiera e cuocere in forno preriscaldato a 200 °C / 400 °F / gas mark 6 per 20 minuti. Ridurre la temperatura del forno a 180°C / 350°F / gas mark 4 e cuocere per altri 5 minuti fino a quando non si solidifica.

Torta alle fragole

Fa una torta di 20 cm / 8 pollici
1 quantità di Pâte Sucrée

Per il ripieno:

5 tuorli d'uovo

175 g / 6 once / ¾ tazza di zucchero semolato (superfino)

75 g / 3 once / ¾ tazza di farina di mais (amido di mais)

1 baccello di vaniglia (fagiolo)

450 ml / ¾ pt / 2 tazze di latte

15 g / ½ oz / 1 cucchiaio di burro o margarina

550 g di fragole, tagliate a metà

Per la glassa:

75 ml / 5 cucchiai di gelatina di ribes (trasparente in scatola)

30 ml / 2 cucchiai d'acqua

Un succo di limone spremuto

Stendere la pasta (pasta) e foderare una tortiera (stampo) di 20 cm / 8 cm. Coprire con carta da forno (oleata) e farcire con i fagioli e cuocere in forno preriscaldato a 190 °C / 375 °F / gas mark 5 per 12 minuti. Sfornate, eliminate la carta ei fagioli e lasciate raffreddare.

Per fare il ripieno, sbattere i tuorli e lo zucchero fino a ottenere un composto chiaro e spumoso e strisciare dalla frusta a strisce. Aggiungere la farina di mais. Mettere il baccello di vaniglia nel latte e portare a ebollizione. Rimuovere il baccello di vaniglia. Sbattere gradualmente nel composto di uova. Versare il composto in una padella pulita e portare a ebollizione, mescolando continuamente, e cuocere, sempre mescolando, per 3 minuti. Togliere dal fuoco e aggiungere burro o margarina fino a quando non si scioglie. Coprire con carta pergamena unta (cerata) e lasciare raffreddare.

Versare la crema nella tortiera (torta) e disporre le fragole in modo attraente sopra. Per preparare la glassa, sciogliere la marmellata, l'acqua e il succo di limone fino a quando non saranno ben amalgamati. Spennellate la frutta mentre la glassa è ancora calda e lasciate rapprendere. Servire lo stesso giorno.

torta di melassa

Fa una torta di 20 cm / 8 pollici

75 g / 3 once / 1/3 di tazza di burro o margarina

175 g / 6 once / 1½ tazza di farina (per tutti gli usi)

15 ml / 1 cucchiaio di zucchero semolato (superfino)

1 tuorlo d'uovo

30 ml / 2 cucchiai d'acqua

225 g / 8 once / 2/3 tazza di sciroppo d'oro (mais chiaro)

50 g / 2 once / 1 tazza di pangrattato fresco

5 ml / 1 cucchiaino di succo di limone

Strofina il burro o la margarina nella farina fino a quando il composto non assomiglia al pangrattato. Aggiungere lo zucchero, aggiungere il tuorlo e l'acqua e mescolare fino a formare un impasto (pasta). Avvolgere in un involucro di plastica (involucro di plastica) e conservare in frigorifero per 30 minuti.

Stendere la pasta e foderare con la fodera una tortiera da 20 cm. Riscaldare lo sciroppo e mescolarlo con pangrattato e succo di limone. Mettere il ripieno nella tortiera e cuocere in forno preriscaldato a 180°C / 350°F / gas mark 4 per 35 minuti fino a quando bolle.

Torta di noci e melassa

Fa una torta di 20 cm / 8 pollici
Pasta Frolla 225 g / 8 oz

100 g / 4 once / ½ tazza di burro o margarina, ammorbidito

50 g / 2 once / ¼ di tazza di zucchero di canna morbido

2 uova sbattute

175 g / 6 once / ½ tazza di sciroppo d'oro (mais chiaro), riscaldato

100 g / 4 once / 1 tazza di noci, tritate finemente

Scorza grattugiata di 1 limone

Succo di ½ limone

Stendere la pasta (pasta) e foderare una tortiera da 20 cm / 8 unta (stampo). Coprite con carta da forno (oleata) e farcite con i fagioli e mettete in forno preriscaldato a 200°C / 400°F / gas mark 6 per 10 minuti. Sfornare e togliere la carta e i fagioli. Ridurre la temperatura del forno a 180°C / 350°F / gas mark 4.

Sbattere il burro o la margarina e lo zucchero fino a ottenere un composto chiaro e spumoso. Sbattere gradualmente le uova, quindi aggiungere lo sciroppo, le noci, la scorza di limone e il succo. Mettere nella forma della pasta (torta) e cuocere per 45 minuti fino a doratura e croccante.

Torta Amish Shoo-fly

Fa una torta di 23 x 30 cm

225 g / 8 once / 1 tazza di burro o margarina, ammorbidito

225 g / 8 once / 2 tazze di farina semplice (per tutti gli usi)

225 g / 8 once / 2 tazze di farina integrale (integrale)

450 g / 1 libbra / 2 tazze di zucchero di canna morbido

350 g / 12 once / 1 tazza di melassa nera (melassa)

10 ml / 2 cucchiaini di bicarbonato di sodio (bicarbonato di sodio)

450 ml / ¾ pt / 2 tazze di acqua bollente

Strofina il burro o la margarina nelle farine fino a quando il composto non assomiglia al pangrattato. Aggiungi lo zucchero. Riserva 100 g / 4 once / 1 tazza della miscela per la copertura. Unire la melassa, il bicarbonato di sodio e l'acqua e mescolare nella miscela di farina fino a quando gli ingredienti secchi non vengono assorbiti. Versare in uno stampo da 23 x 30 cm / 9 x 12 imburrato e infarinato in una tortiera (teglia da forno) e cospargere con il composto riservato. Cuocere in forno preriscaldato a 180°C/350°F/gas mark 4 per 35 minuti fino a quando uno stecchino inserito al centro risulta pulito. Servilo caldo.

fetta di crema pasticcera di Boston

Fa una torta di 23 cm / 9

100 g / 4 once / ½ tazza di burro o margarina, ammorbidito

225 g / 8 once / 1 tazza di zucchero semolato (superfino)

2 uova, leggermente sbattute

2,5 ml / ½ cucchiaino di essenza di vaniglia (estratto)

175g / 6oz / 1½ tazza di farina autolievitante

5 ml / 1 cucchiaino di lievito in polvere

Un po' di sale

60 ml / 4 cucchiai di latte

ripieno di crema

Sbattere il burro o la margarina e lo zucchero fino a ottenere un composto chiaro e spumoso. Aggiungere gradualmente le uova e l'essenza di vaniglia, sbattendo bene dopo ogni aggiunta. Mescolare la farina, il lievito e il sale e aggiungere al composto alternando con il latte. Versare in una tortiera da 23 cm / 9 imburrata e infarinata e cuocere in forno preriscaldato a 180°C / 350°F / gas mark 4 per 30 minuti fino a quando non è sodo al tatto. Quando è fredda, taglia la torta orizzontalmente e unisci le due metà con il ripieno di crema.

Torta americana della montagna bianca

Fa una torta di 23 cm / 9

225 g / 8 once / 1 tazza di burro o margarina, ammorbidito

450 g / 1 lb / 2 tazze di zucchero semolato (superfino)

3 uova, leggermente sbattute

350 g / 12 oz / 3 tazze di farina autolievitante

15 ml / 1 cucchiaio di lievito in polvere

1,5 ml / ¼ di cucchiaino di sale

250 ml / 8 fl oz / 1 tazza di latte

5 ml / 1 cucchiaino di essenza di vaniglia (estratto)

5 ml / 1 cucchiaino di essenza di mandorla (estratto)

Per il ripieno al limone:
45 ml / 3 cucchiai di farina di mais (amido di mais)

75 g / 3 once / 1/3 di tazza di zucchero semolato (superfino)

1,5 ml / ¼ di cucchiaino di sale

300 ml / ½ pt / 1¼ tazze di latte

25 g / 1 oz / 2 cucchiai di burro o margarina

90 ml / 6 cucchiai di succo di limone

5 ml / 1 cucchiaino di scorza di limone grattugiata

Per la glassa:
350 g / 12 oz / 1½ tazza di zucchero semolato (superfino)

Un po' di sale

2 albumi d'uovo

75 ml / 5 cucchiai di acqua fredda

15 ml / 1 cucchiaio di sciroppo d'oro (mais chiaro)

5 ml / 1 cucchiaino di essenza di vaniglia (estratto)

175 g / 6 once / 1½ tazza di cocco essiccato (grattugiato)

Sbattere il burro o la margarina e lo zucchero fino a ottenere un composto chiaro e spumoso. Aggiungere le uova poco alla volta. Mescolare la farina, il lievito e il sale, poi unirli alla panna alternandoli al latte e alle essenze. Versare il composto in tre tortiere da 23 cm unte e foderate e mettere in forno preriscaldato a 180 °C / 350 °F / gas mark 4 per 30 minuti fino a quando uno stecchino inserito al centro esce pulito . Lasciate raffreddare.

Per fare il ripieno, unisci la farina di mais, lo zucchero e il sale, quindi sbatti nel latte fino a che liscio. Aggiungere il burro o la margarina a pezzetti e sbattere a fuoco basso per circa 2 minuti fino a quando non si addensa. Aggiungere il succo di limone e la scorza. Fatela raffreddare e portatela in frigo.

Per preparare la glassa, mescolare tutti gli ingredienti, tranne l'essenza di vaniglia e il cocco, in una ciotola resistente al calore posta sopra una pentola di acqua bollente. Sbattere per circa 5 minuti fino a quando non si ferma. Aggiungere l'essenza di vaniglia e sbattere per altri 2 minuti.

Per assemblare la torta, spalmare lo strato di base con metà del ripieno di limone e cospargere con 25 g / 1 oz / ¼ di tazza di cocco. Ripeti con il secondo strato. Distribuire la glassa sulla parte superiore e sui lati della torta e cospargere con il cocco rimanente.

Torta americana al latticello

Fa una torta di 23 cm / 9

100 g / 4 once / ½ tazza di burro o margarina, ammorbidito

225 g / 8 once / 1 tazza di zucchero semolato (superfino)

2 uova, leggermente sbattute

5 ml / 1 cucchiaino di scorza di limone grattugiata

5 ml / 1 cucchiaino di essenza di vaniglia (estratto)

225 g / 8 once / 2 tazze di farina autolievitante (autolievitante)

5 ml / 1 cucchiaino di lievito in polvere

5 ml / 1 cucchiaino di bicarbonato di sodio (bicarbonato di sodio)

Un po' di sale

250 ml / 8 fl oz / 1 tazza di latticello

Ripieno al limone

Sbattere il burro o la margarina e lo zucchero fino a ottenere un composto chiaro e spumoso. A poco a poco sbattere le uova, quindi aggiungere la scorza di limone e l'essenza di vaniglia. Mescolare la farina, il lievito, il bicarbonato e il sale e unirli al composto alternandoli al latticello. Sbattere bene fino a che liscio. Versare il composto in due tortiere da 23 cm (23 cm) unte e infarinate e cuocere in forno preriscaldato a 180 °C / 350 °F / gas mark 4 per 25 minuti fino a quando non è sodo al tatto. Raffreddare negli stampi per 5 minuti prima di posizionarli su una gratella per completare il raffreddamento. Quando è freddo, fare un panino insieme al ripieno di limone.

Torta caraibica allo zenzero e rum

Fa una torta di 20 cm / 8

50 g / 2 once / ¼ di tazza di burro o margarina

120 ml / 4 fl oz / ½ tazza di melassa nera (melassa)

1 uovo, leggermente sbattuto

60 ml / 4 cucchiai di rum

100 g / 4 once / 1 tazza di farina autolievitante (autolievitante)

10 ml / 2 cucchiaini di zenzero in polvere

75 g / 3 once / 1/3 di tazza di zucchero di canna morbido

25 g / 1 oz di zenzero candito (candito), tritato

Sciogliere il burro o la margarina con la melassa a fuoco basso e lasciar raffreddare leggermente. Unire gli altri ingredienti per ottenere un impasto morbido. Versare in uno stampo a ciambella da 20 cm / 8 imburrato e foderato e mettere in forno preriscaldato a 200 °C / 400 °F / gas mark 6 per 20 minuti fino a quando non sarà ben lievitato e sodo al tatto. .

Torta Sacher

Fa una torta di 20 cm / 8

200g / 7oz / 1¾ tazze di cioccolato fondente (semidolce)

8 uova, separate

100 g / 4 once / ½ tazza di burro non salato (dolce), sciolto

2 albumi d'uovo

Un po' di sale

150 g / 5 once / 2/3 tazza di zucchero semolato (superfino)

Qualche goccia di essenza di vaniglia (estratto)

100 g / 4 once / 1 tazza di farina semplice (per tutti gli usi)

Per la glassa (glassa):
150 g / 5 once / 1¼ tazze di cioccolato fondente (semidolce)

250 ml / 8 fl oz / 1 tazza di panna naturale (leggera)

175 g / 6 once / ¾ tazza di zucchero semolato (superfino)

Qualche goccia di essenza di vaniglia (estratto)

1 uovo sbattuto

100 g / 4 once / 1/3 di tazza di marmellata di albicocche (in scatola), setacciata (colata)

Sciogliere il cioccolato in una ciotola resistente al calore sopra una pentola di acqua bollente. Togliere dal fuoco. Sbattete leggermente i tuorli con il burro e aggiungete il cioccolato fuso. Montare a neve ferma tutti gli albumi e il sale, quindi aggiungere gradualmente lo zucchero e l'estratto di vaniglia e continuare a sbattere fino a quando non si formano delle cime rigide. Incorporare gradualmente alla miscela di cioccolato, quindi incorporare la farina. Versare il composto in due tortiere da 20 cm / 8 imburrate e foderate e cuocere in forno preriscaldato a 180 °C / 350 °F / gas mark 4 per 45 minuti fino a quando uno stecchino inserito al centro esce pulito. Sformare su una gratella e lasciare raffreddare.

Per preparare la glassa, sciogliere il cioccolato con la panna, lo zucchero e l'estratto di vaniglia a fuoco medio fino a quando non saranno ben amalgamati, quindi cuocere per 5 minuti senza mescolare. Mescolare qualche cucchiaio del composto di cioccolato con l'uovo, aggiungere al cioccolato e cuocere per 1 minuto, mescolando continuamente. Togliere dal fuoco e lasciare raffreddare a temperatura ambiente.

Unire le torte alla marmellata di albicocche. Ricoprite l'intera torta con la glassa al cioccolato, lisciando la superficie con una spatola o spatola. Lasciare raffreddare e conservare in frigorifero per diverse ore fino a quando la glassa non si sarà solidificata.

Torta al rum caraibico

Fa una torta di 20 cm / 8

450 g / 1 lb / 22/3 tazze di frutta secca mista (miscela per torta di frutta)

225 g / 8 once / 11/3 tazze di uva sultanina (uvetta dorata)

100 g / 4 once / 2/3 di tazza di uvetta

100 g / 4 once / 2/3 tazze di ribes

50 g / 2 oz / ¼ di tazza di ciliegie glassate (candite)

300 ml / ½ pt / 1¼ tazze di vino rosso

225 g / 8 once / 1 tazza di burro o margarina, ammorbidito

225 g / 8 once / 1 tazza di zucchero di canna morbido

5 uova, leggermente sbattute

10 ml / 2 cucchiaini di melassa nera (melassa)

225 g / 8 once / 2 tazze di farina semplice (per tutti gli usi)

50 g / 2 oz / ½ tazza di mandorle tritate

5 ml / 1 cucchiaino di cannella in polvere

5 ml / 1 cucchiaino di noce moscata grattugiata

5 ml / 1 cucchiaino di essenza di vaniglia (estratto)

300 ml / ½ pt / 1¼ tazze di rum

In una padella mettere tutta la frutta e il vino e portare a ebollizione. Ridurre il calore al minimo, coprire e lasciare per 15 minuti, quindi togliere dal fuoco e raffreddare. Sbattere il burro o la margarina e lo zucchero fino a ottenere un composto chiaro e spumoso e incorporare gradualmente le uova e la melassa. Unire gli ingredienti secchi. Mescolare il mix di frutta, l'essenza di vaniglia e 45 ml/3 cucchiai di rum. Versare in uno stampo da 20 cm imburrato e foderato con un cucchiaio e mettere in forno preriscaldato a 160 °C / 325 °F / gas mark 3 per 3 ore fino a quando non sarà ben lievitato e uno stecchino inserito al centro uscirà pulito . Raffreddare nella padella per 10 minuti, quindi posizionare su una gratella per completare il raffreddamento. Infilzare la parte superiore della torta con uno spiedino sottile e ricoprire con il restante rum. Avvolgere in un foglio di alluminio e lasciare maturare il più a lungo possibile.

Torta al burro danese

Fa una torta di 23 cm / 9

225 g / 8 once / 1 tazza di burro o margarina, a dadini

175 g / 6 once / 1½ tazza di farina (per tutti gli usi)

40 g / 1½ oz di lievito fresco o 60 ml / 4 cucchiai di lievito secco

15 ml / 1 cucchiaio di zucchero semolato

1 uovo sbattuto

½ quantità di ripieno di crema danese

60 ml / 4 cucchiai di zucchero a velo, setacciato

45 ml / 3 cucchiai di ribes

Immergi 100 g / 4 once / ½ tazza di burro o margarina nella farina. Sbattere il lievito e lo zucchero semolato, unirli alla farina e al burro con l'uovo e sbattere fino ad ottenere un impasto liscio. Coprire e lasciare in un luogo caldo per circa 1 ora fino a raddoppiare il volume.

Trasferire su un piano infarinato e impastare bene. Stendere un terzo dell'impasto e rivestire la base di una tortiera (teglia) a fondo mobile da 23 cm / 9 imburrata. Distribuire la farcitura di crema sulla pasta.

Stendere l'impasto rimanente in un rettangolo di circa 5 mm di spessore. Sbattere il burro o la margarina rimanenti con lo zucchero a velo e incorporare i ribes. Stendere sopra la pasta, lasciando uno spazio ai bordi, e arrotolare la pasta sul lato corto. Tagliare a fette e adagiarvi sopra la crema pasticcera. Coprite e lasciate lievitare in un luogo tiepido per circa 1 ora. Cuocere in un forno preriscaldato a 230°C/450°F/gas, punto 8, per 25–30 minuti, finché non saranno ben lievitati e dorati in superficie.

Torta al cardamomo danese

Produce una torta da 900 g / 2 libbre

225 g / 8 once / 1 tazza di burro o margarina, ammorbidito

225 g / 8 once / 1 tazza di zucchero semolato (superfino)

3 uova

350 g / 12 oz / 3 tazze di farina semplice (per tutti gli usi)

10 ml / 2 cucchiaini di lievito in polvere

10 semi di cardamomo, macinati

150 ml / ¼ pt / 2/3 tazza di latte

45 ml / 3 cucchiai di uvetta

45 ml / 3 cucchiai di buccia mista tritata (candita)

Sbattere il burro o la margarina e lo zucchero fino a ottenere un composto chiaro e spumoso. Aggiungere gradualmente le uova, sbattendo bene dopo ogni aggiunta. Unire la farina, il lievito e il cardamomo. Aggiungere poco alla volta il latte, l'uvetta e le scorze miste. Trasferire in una teglia (teglia) unta e foderata da 900 g / 2 libbre e cuocere in forno preriscaldato a 190 ° C / 375 ° F / gas mark 5 per 50 minuti fino a quando uno spiedino inserito al centro non esce pulito.

Gateau Pithiviers

Fa una torta di 25 cm / 10

100 g / 4 once / ½ tazza di burro o margarina, ammorbidito

100 g / 4 once / ½ tazza di zucchero semolato (superfino)

1 uovo

1 tuorlo d'uovo

100 g / 4 once / 1 tazza di mandorle tritate

30 ml / 2 cucchiai di rum

Pasta sfoglia 400 gr

Per la glassa:

1 uovo sbattuto

30 ml / 2 cucchiai di zucchero a velo

Sbattere il burro o la margarina e lo zucchero fino a ottenere un composto chiaro e spumoso. Aggiungere l'uovo e il tuorlo, aggiungere le mandorle e il rum. Stendere metà dell'impasto (pasta) su una superficie leggermente infarinata e tagliare in un cerchio di 23 cm / 9 cm, adagiare su una teglia umida e distribuire il ripieno sopra l'impasto a 1 cm / ½ pollice. Dal bordo. Stendere la pasta rimanente e tagliare in un cerchio di 25 cm / 10. Tagliare un anello di 1 cm / ½ pollice dal bordo di questo cerchio. Spennellare il bordo della base di pasta con acqua e premere l'anello attorno al bordo, spingendo delicatamente per adattarlo. Spennellare con acqua e premere il secondo cerchio sopra, sigillando i bordi. Sigillare e arricciare i bordi. Spennellare la parte superiore con l'uovo sbattuto e segnare un motivo di tagli radiali sulla parte superiore con la lama di un coltello. Cuocere in forno preriscaldato a 220°C / 425°F / gas mark 7 per 30 minuti fino a quando saranno lievitati e dorati. Setacciare lo zucchero a velo sopra e cuocere per altri 5 minuti fino a quando non diventa lucido. Servire caldo o freddo.

Galette des Rois

Fa una torta di 18 cm / 7

250 g / 9 once / 2¼ tazze di farina semplice (per tutti gli usi)

5 ml / 1 cucchiaino di sale

200 g / 7 once / 1 tazza scarsa di burro non salato (dolce), a dadini

175 ml / 6 fl oz / ¾ tazza d'acqua

1 uovo

1 albume d'uovo

Mettere la farina e il sale in una ciotola e fare un buco al centro. Aggiungere 75 g / 3 oz / 1/3 di tazza di burro, l'acqua e l'uovo intero e impastare fino ad ottenere un impasto omogeneo. Coprire e lasciare riposare 30 minuti.

Stendere la pasta in un lungo rettangolo su una superficie leggermente infarinata. Cospargere due terzi dell'impasto con un terzo del burro rimanente. Piegare l'impasto scoperto sul burro, quindi piegare il resto dell'impasto sopra. Sigillare i bordi e mettere in frigo per 10 minuti. Stendere nuovamente l'impasto e ripetere con metà del burro rimanente. Raffreddare, aprire e aggiungere il burro rimanente, quindi conservare in frigorifero per gli ultimi 10 minuti.

Stendere l'impasto in un cerchio spesso 2,5 cm / 1 con un diametro di circa 18 cm / 7. Mettere su una teglia unta, spennellare con l'albume e lasciare riposare per 15 minuti. Cuocere in forno preriscaldato a 180°C / 350°F / gas mark 4 per 15 minuti fino a quando saranno ben lievitati e dorati.

Crema al caramello

Fa una torta di 15 cm / 6

Per il caramello:

100 g / 4 once / ½ tazza di zucchero semolato (superfino)

150 ml / ¼ pt / 2/3 tazza di acqua

Per la crema:

600 ml / 1 pt / 2½ tazze di latte

4 uova, leggermente sbattute

15 ml / 1 cucchiaio di zucchero semolato (superfino)

1 arancia

Per fare il caramello, mettete lo zucchero e l'acqua in un pentolino e fate sciogliere a fuoco basso. Portare a ebollizione, quindi far bollire senza mescolare per circa 10 minuti, fino a quando lo sciroppo diventa di un marrone dorato intenso. Versare in una pirofila da soufflé da 15 cm/6 cm e inclinare la pirofila in modo che il caramello coli lungo la base.

Per fare la crema, scaldare il latte, versarvi sopra le uova e lo zucchero e sbattere bene. Versare nel piatto. Mettere il piatto in una teglia (teglia per arrosti) riempita con acqua calda a metà dei lati del piatto. Cuocere in un forno preriscaldato a 325°F/170°C/gas mark 3 per 1 ora fino al set. Lasciate raffreddare prima di trasferire su un piatto da portata. Sbucciare l'arancia e affettarla orizzontalmente, quindi tagliare ogni fetta a metà. Disporre intorno al caramello per decorare.

Gugelhopf

Fa una torta di 20 cm / 8

25 g / 1 oz di lievito fresco o 40 ml / 2½ cucchiai di lievito secco

120 ml / 4 fl oz / ½ tazza di latte caldo

100 g / 4 once / 2/3 di tazza di uvetta

15 ml / 1 cucchiaio di rum

450 g / 1 lb / 4 tazze di farina forte (pane)

5 ml / 1 cucchiaino di sale

Un pizzico di noce moscata grattugiata

100 g / 4 once / ½ tazza di zucchero semolato (superfino)

Scorza grattugiata di 1 limone

175 g / 6 once / ¾ tazza di burro o margarina, ammorbidito

3 uova

100 g / 4 once / 1 tazza di mandorle sbollentate

zucchero a velo per spolverare

Sbattere il lievito con un po' di latte tiepido e lasciare in un luogo caldo per 20 minuti fino a quando non si forma la schiuma. Mettete l'uvetta in una ciotola, irrorate con il rum e lasciate macerare. In una ciotola mettete la farina, il sale e la noce moscata e aggiungete lo zucchero e la scorza di limone. Fare un buco al centro, versare la miscela di lievito, il latte rimanente, il burro o la margarina e le uova e lavorare insieme per fare un impasto. Mettere in una ciotola unta d'olio, coprire con pellicola trasparente oliata (pellicola) e lasciare in un luogo caldo per 1 ora fino a raddoppiare di volume. Imburrare abbondantemente uno stampo da gugelhopf (stampo tubolare scanalato) da 20 cm e adagiare intorno alla base le mandorle. Impastare l'uvetta e il rum nell'impasto lievitato e mescolare bene. Versate il composto nello stampo, coprite e lasciate riposare in un luogo tiepido per 40 minuti, finché l'impasto non raddoppia quasi di volume e raggiunge la sommità dello stampo. Cuocere in forno preriscaldato a 200°C/400°F/gas mark 6 per 45 minuti fino a quando uno stecchino inserito al centro risulta pulito. A fine cottura coprite con un doppio strato di carta da forno (oleata) se la torta si sta dorando troppo. Sformare e lasciare raffreddare, quindi spolverare con zucchero a velo.

Gugelhopf al cioccolato di lusso

Fa una torta di 20 cm / 8

25 g / 1 oz di lievito fresco o 40 ml / 2½ cucchiai di lievito secco

120 ml / 4 fl oz / ½ tazza di latte caldo

50 g / 2 once / 1/3 di tazza di uvetta

50 g / 2 once / 1/3 di tazza di ribes

25 g / 1 oz / 3 cucchiai di buccia mista tritata (candita)

15 ml / 1 cucchiaio di rum

450 g / 1 lb / 4 tazze di farina forte (pane)

5 ml / 1 cucchiaino di sale

5 ml / 1 cucchiaino di pimento macinato

Un pizzico di zenzero in polvere

100 g / 4 once / ½ tazza di zucchero semolato (superfino)

Scorza grattugiata di 1 limone

175 g / 6 once / ¾ tazza di burro o margarina, ammorbidito

3 uova

Al tetto:

60 ml / 4 cucchiai di marmellata di albicocche (conserva), setacciata (colata)

30 ml / 2 cucchiai d'acqua

100 g / 4 oz / 1 tazza di cioccolato fondente (semidolce)

50 g / 2 oz / ½ tazza di mandorle a scaglie (a scaglie), tostate

Sbattere il lievito con un po' di latte tiepido e lasciare in un luogo caldo per 20 minuti fino a quando non si forma la schiuma. In una ciotola mettete l'uvetta, l'uvetta e le scorze miste, irrorate con il rum e mettete a macerare. Mettete in una ciotola la farina, il sale e le spezie e aggiungete lo zucchero e la scorza di limone. Fare un buco al centro, versare il composto di lievito, il latte rimanente e le uova e lavorare insieme per fare un impasto. Mettere in una ciotola unta d'olio, coprire con pellicola trasparente oliata (pellicola) e lasciare in un luogo caldo per 1 ora fino a raddoppiare di volume. Impastare la frutta e il rum nell'impasto lievitato e mescolare bene. Trasferire l'impasto in una teglia da 20 cm/8 gugelhopf ben imburrata, coprire e lasciare in un luogo tiepido per 40 minuti fino a quando l'impasto sarà quasi raddoppiato di volume e raggiungerà il bordo della teglia. Cuocere in forno preriscaldato a 200°C/400°F/gas mark 6 per 45 minuti fino a quando uno stecchino inserito al centro risulta pulito. A fine cottura ricoprite con un doppio strato di carta da forno (oleata) se la torta dovesse imbrunire troppo. Sviluppa e lascia raffreddare.

Riscaldare la marmellata con l'acqua, mescolando fino a che liscio. Spennellare la torta. Sciogliere il cioccolato in una ciotola resistente al calore sopra una pentola di acqua bollente. Stendere sulla torta e spalmare sulla base le scaglie di mandorle prima che il cioccolato si indurisca.

Rubato

Produce tre torte da 350 g / 12 once

15 g / ½ oz di lievito fresco o 20 ml / 4 cucchiaini di lievito secco

15 ml / 1 cucchiaio di zucchero semolato (superfino)

120 ml / 4 fl oz / ½ tazza di acqua calda

25 g / 1 oncia / ¼ di tazza di farina semplice forte (pane)

Per la pasta alla frutta:

450 g / 1 lb / 4 tazze di farina forte (pane)

5 ml / 1 cucchiaino di sale

75 g / 3 once / 1/3 di tazza di zucchero demerara

1 uovo, leggermente sbattuto

225 g / 8 once / 11/3 tazze di uvetta

30 ml / 2 cucchiai di rum

50 g / 2 oz / 1/3 di tazza di corteccia mista tritata (candita)

50 g / 2 oz / ½ tazza di mandorle tritate

5 ml / 1 cucchiaino di cannella in polvere

100 g / 4 once / ½ tazza di burro fuso o margarina

175 g / 6 oz Pasta di Mandorle

Per la glassa:

1 uovo, leggermente sbattuto

75 g / 3 once / 1/3 di tazza di zucchero semolato (superfino)

90 ml / 6 cucchiai di acqua

50 g / 2 oz / ½ tazza di mandorle a scaglie (a scaglie)

zucchero a velo per spolverare

Per preparare la miscela di lievito, mescolare il lievito e lo zucchero in una pasta con l'acqua tiepida e la farina. Lasciare in un luogo caldo per 20 minuti fino a quando non si forma la schiuma.

Per fare la pasta alla frutta, mettete in una ciotola la farina e il sale, aggiungete lo zucchero e fate un buco al centro. Aggiungere l'uovo al composto di lievito e mescolare fino ad ottenere un impasto liscio. Aggiungere l'uvetta, il rum, le scorze miste, le mandorle tritate e la cannella e impastare fino a che liscio. Mettere in una ciotola oliata, coprire con pellicola trasparente oliata (pellicola) e lasciare in un luogo caldo per 30 minuti.

Dividere l'impasto in tre parti e stendere dei rettangoli spessi circa 1 cm/½. Spennellare il burro sopra. Dividere la pasta di mandorle in tre parti e formare delle salsicce. Mettetene uno al centro di ogni rettangolo e ripiegate sopra l'impasto. Girare con la cucitura sotto e posizionare su una teglia unta (biscotto). Spennellare con l'uovo, coprire con pellicola oleata (pellicola) e lasciare in un luogo caldo per 40 minuti fino al raddoppio.

Cuocere in forno preriscaldato a 220°C/425°F/gas mark 7 per 30 minuti fino a doratura.

Nel frattempo fate bollire lo zucchero con l'acqua per 3 minuti fino ad ottenere uno sciroppo denso. Spennellate la superficie di ogni stollen con lo sciroppo e cospargete con scaglie di mandorle e zucchero a velo.

Stollen alla mandorla

Per due pagnotte da 450 g / 1 lb

15 g / ½ oz di lievito fresco o 20 ml / 4 cucchiaini di lievito secco

50 g / 2 once / ¼ di tazza di zucchero semolato (superfino)

300 ml / ½ pt / 1¼ tazze di latte caldo

1 uovo

Scorza grattugiata di 1 limone

Un pizzico di noce moscata grattugiata

450 g / 1 lb / 4 tazze di farina semplice (per tutti gli usi)

Un po' di sale

100 g / 4 oz / 2/3 tazza di buccia mista tritata (candita)

175 g / 6 once / 1½ tazza di mandorle, tritate

50 g / 2 once / ¼ di tazza di burro fuso o margarina

75 g / 3 once / ½ tazza di zucchero a velo (da pasticcere), setacciato, per spolverare

Sbattere il lievito con 5 ml/1 cucchiaino di zucchero e un po' di latte tiepido e lasciare in un luogo tiepido per 20 minuti fino a ottenere un composto spumoso. Sbattere l'uovo con lo zucchero rimanente, la scorza di limone e la noce moscata, quindi incorporare il composto di lievito con la farina, il sale e il restante latte tiepido e sbattere fino ad ottenere un impasto morbido. Mettere in una ciotola oliata, coprire con pellicola trasparente oliata (pellicola) e lasciare in un luogo caldo per 30 minuti.

Impastare il guscio e le mandorle, coprire di nuovo e lasciare in un luogo caldo per 30 minuti fino al raddoppio.

Dividere l'impasto a metà. Arrotolarne metà in una teglia per wurstel da 30 cm / 12. Schiacciare il rotolo al centro per fare un tuffo, quindi piegare un lato nel senso della lunghezza e premere delicatamente verso il basso. Ripeti con l'altra metà. Mettere entrambi su una teglia unta e foderata (biscotto), coprire con pellicola trasparente oleata (pellicola) e lasciare in un luogo caldo per 25 minuti fino al raddoppio. Cuocere in forno preriscaldato a 200°C/400°F/gas mark 6 per 1 ora fino a doratura e uno stuzzicadenti inserito al centro risulta pulito. Spennellare generosamente i panini caldi con burro fuso e cospargere di zucchero a velo.

Stollen al pistacchio

Per due pagnotte da 450 g / 1 lb

15 g / ½ oz di lievito fresco o 20 ml / 4 cucchiaini di lievito secco

50 g / 2 once / ¼ di tazza di zucchero semolato (superfino)

300 ml / ½ pt / 1¼ tazze di latte caldo

1 uovo

Scorza grattugiata di 1 limone

Un pizzico di noce moscata grattugiata

450 g / 1 lb / 4 tazze di farina semplice (per tutti gli usi)

Un po' di sale

100 g / 4 oz / 2/3 tazza di buccia mista tritata (candita)

100 g / 4 once / 1 tazza di pistacchi tritati

100 g / 4 once di pasta di mandorle

15 ml / 1 cucchiaio di liquore al maraschino

50 g / 2 once / 1/3 di tazza di zucchero a velo, setacciato

              Al tetto:
50 g / 2 once / ¼ di tazza di burro fuso o margarina

75 g / 3 once / ½ tazza di zucchero a velo (da pasticcere), setacciato, per spolverare

Sbattere il lievito con 5 ml/1 cucchiaino di zucchero e un po' di latte tiepido e lasciare in un luogo tiepido per 20 minuti fino a ottenere un composto spumoso. Sbattere l'uovo con lo zucchero rimanente, la scorza di limone e la noce moscata, quindi incorporare il composto di lievito con la farina, il sale e il restante latte tiepido e sbattere fino ad ottenere un impasto morbido. Mettere in una ciotola oliata, coprire con pellicola trasparente oliata (pellicola) e lasciare in un luogo caldo per 30 minuti.

Schiacciare il composto di guscio e pistacchio, coprire di nuovo e lasciare in un luogo caldo per 30 minuti fino a raddoppiare il volume. Lavorare la pasta di mandorle, il liquore e lo zucchero a velo fino ad ottenere una pasta, stenderla ad uno spessore di 1 cm / ½ e tagliarla a cubetti. Raccogli l'impasto in modo che i cubetti siano interi.

Dividere l'impasto a metà. Arrotolarne metà in una teglia per wurstel da 30 cm / 12. Schiacciare il rotolo al centro per fare un tuffo, quindi piegare un lato nel senso della lunghezza e premere delicatamente verso il basso. Ripeti con la seconda metà. Mettere entrambi su una teglia unta e foderata (biscotto), coprire con pellicola trasparente oleata (pellicola) e lasciare in un luogo caldo per 25 minuti fino al raddoppio. Cuocere in forno preriscaldato a 200°C/400°F/gas mark 6 per 1 ora fino a doratura e uno stuzzicadenti inserito al centro risulta pulito. Spennellare generosamente i panini caldi con burro fuso e cospargere di zucchero a velo.

baklava

24 anni fa

450 g / 1 lb / 2 tazze di zucchero semolato (superfino)

300 ml / ½ pt / 1¼ tazze d'acqua

5 ml / 1 cucchiaino di succo di limone

30 ml / 2 cucchiai di acqua di rose

350 g / 12 oz / 1½ tazza di burro non salato (dolce), fuso

450 g / 1 lb di pasta fillo (pasta)

675 g / 1½ lb / 6 tazze di mandorle, tritate finemente

Per fare lo sciroppo, sciogliere lo zucchero nell'acqua a fuoco basso, mescolando di tanto in tanto. Aggiungere il succo di limone e portare a ebollizione. Far bollire per 10 minuti fino a ottenere uno sciroppo, quindi aggiungere l'acqua di rose e lasciare raffreddare, quindi conservare in frigorifero.

Spennellare una grande teglia con burro fuso. Metti metà dei fogli di fillo nella teglia, spennellando ciascuno con il burro. Piegare i bordi per trattenere il ripieno. Cospargere le mandorle sopra. Continuare a stendere la restante pasta, spennellare ogni sfoglia con il burro fuso. Spennellare generosamente la superficie con il burro. Tagliare l'impasto in pastiglie larghe circa 5 cm/2 cm. Cuocere in forno preriscaldato a 180°C/350°F/gas mark 4 per 25 minuti fino a quando diventano croccanti e dorati. Versate sopra lo sciroppo freddo e lasciate raffreddare.

Turbinii di stress ungheresi

16 anni fa

25 g / 1 oz di lievito fresco o 40 ml / 2½ cucchiai di lievito secco

15 ml / 1 cucchiaio di zucchero di canna morbido

300 ml / ½ pt / 1¼ tazze di acqua calda

15 ml / 1 cucchiaio di burro o margarina

450 g / 1 lb / 4 tazze di farina integrale (integrale)

15 ml / 1 cucchiaio di latte in polvere (latte scremato in polvere)

5 ml / 1 cucchiaino di spezie macinate (torta di mele)

2,5 ml / ½ cucchiaino di sale

1 uovo

175 g / 6 once / 1 tazza di ribes

100 g / 4 oz / 2/3 tazza di uva sultanina (uvetta dorata)

50 g / 2 once / 1/3 di tazza di uvetta

50 g / 2 oz / 1/3 di tazza di corteccia mista tritata (candita)

Al tetto:

75 g / 3 once / ¾ tazza di farina integrale (integrale)

50 g / 2 once / ¼ di tazza di burro fuso o margarina

75 g / 3 once / 1/3 di tazza di zucchero di canna morbido

25 g / 1 oz / ¼ di tazza di semi di sesamo

Per il ripieno:

50 g / 2 once / ¼ di tazza di zucchero di canna morbido

50 g / 2 once / ¼ tazza di burro o margarina, ammorbidito

50 g / 2 oz / ½ tazza di mandorle tritate

2,5 ml / ½ cucchiaino di noce moscata grattugiata

25 g / 2 once / 1/3 di tazza di prugne (snocciolate) tritate

1 uovo sbattuto

Mescolare il lievito e lo zucchero con un po' d'acqua tiepida e lasciare in un luogo caldo per 10 minuti fino a ottenere un composto spumoso. Passate il burro o la margarina nella farina, aggiungete il latte in polvere, mescolate le spezie e il sale e fate un buco al centro. Aggiungere l'uovo, il composto di lievito e il resto dell'acqua tiepida e mescolare fino ad ottenere un impasto. Impastare fino a che liscio ed elastico. Schiacciare l'uvetta, l'uva sultanina, l'uvetta e le bucce miste. Mettere in una ciotola oliata, coprire con pellicola trasparente oliata (pellicola) e lasciare in un luogo caldo per 1 ora.

Mescolare gli ingredienti per la farcitura fino a renderli friabili. Per fare il ripieno, sbattere il burro o la margarina con lo zucchero e aggiungere le mandorle e la noce moscata. Stendere la pasta in un rettangolo largo circa 1/2 cm di spessore. Distribuire con il ripieno e cospargere con le prugne. Arrotolare come un rotolo svizzero (Jello), spennellando i bordi con l'uovo per sigillare. Tagliare a fette da 1/2 pollice e disporle in una teglia unta e poco profonda (teglia). Spennellare con l'uovo e cospargere con la miscela di topping. Coprite e lasciate lievitare in un luogo tiepido per 30 minuti. Cuocere in forno preriscaldato a 220°C/425°F/gas mark 7 per 30 minuti.

Panforte

Fa una torta di 23 cm / 9

175 g / 6 once / ¾ tazza di zucchero semolato

175 g / 6 once / ½ tazza di miele chiaro

100 g / 4 once / 2/3 tazza di fichi secchi, tritati

100 g / 4 oz / 2/3 tazza di buccia mista tritata (candita)

50 g di ciliegie glassate (candite), tritate

50 g di ananas glassato (candito), tritato

175 g / 6 oz / 1½ tazza di mandorle sbollentate, tritate grossolanamente

100 g / 4 once / 1 tazza di noci, tritate grossolanamente

100 g / 4 oz / 1 tazza di nocciole, tritate grossolanamente

50 g / 2 once / ½ tazza di farina semplice (per tutti gli usi)

25 g / 1 oz / ¼ di tazza di cacao (cioccolato non zuccherato) in polvere

5 ml / 1 cucchiaino di cannella in polvere

Un pizzico di noce moscata grattugiata

15 ml / 1 cucchiaio di zucchero a velo (da pasticcere), setacciato

Sciogliere lo zucchero semolato nel miele in una casseruola e mettere a fuoco basso. Portare a ebollizione e far bollire per 2 minuti fino ad ottenere uno sciroppo denso. Mescolare la frutta e le noci e aggiungere la farina, il cacao e le spezie. Aggiungere lo sciroppo. Versare il composto in una teglia da sandwich da 23 cm unta e foderata con carta di riso. Cuocere in forno preriscaldato a 180°C/350°F/gas mark 4 per 45 minuti. Raffreddare in padella per 15 minuti, quindi posizionare sulla griglia per raffreddare. Spolverizzate con lo zucchero a velo prima di servire.

Torta a nastro di maccheroni

Fa una torta di 23 cm / 9

300g / 11oz / 2¾ tazze di farina semplice (per tutti gli usi)

50 g / 2 once / ¼ di tazza di burro fuso o margarina

3 uova sbattute

Un po' di sale

225 g / 8 once / 2 tazze di mandorle, tritate

200 g / 7 once / 1 tazza scarsa di zucchero semolato (superfino)

Scorza grattugiata e succo di 1 limone

90 ml / 6 cucchiai di Kirsch

Mettete la farina in una ciotola e fate un buco al centro. Aggiungere il burro, le uova e il sale e sbattere fino ad ottenere un impasto morbido. Stendere bene e tagliare a strisce sottili. Mescolare le mandorle, lo zucchero e la scorza di limone. Imburrare una tortiera da 23 cm / 9 pollici (teglia da forno) e cospargerla di farina. Disporre uno strato di nastri di pasta sul fondo dello stampo, cospargere con un po' di composto di mandorle e irrorare con un po' di kirsch. Continua a stendere, terminando con uno strato di tagliatelle. Coprire con carta da forno (oleata) e cuocere a 180°C/350°F/gas mark 4 per 1 ora. Sformare con cura e servire caldo o freddo.

Dolce Di Riso Italiano Con Grand Marnier

Fa una torta di 20 cm / 8

1,5 litri / 2½ punti / 6 tazze di latte

Un po' di sale

350 g di riso arborio o altro riso a grana media

Scorza grattugiata di 1 limone

60 ml / 4 cucchiai di zucchero semolato (superfino)

3 uova

25 g / 1 oz / 2 cucchiai di burro o margarina

1 tuorlo d'uovo

30 ml / 2 cucchiai di buccia mista tritata (candita)

225 g / 8 once / 2 tazze di mandorle a lamelle (a scaglie), tostate

45 ml / 3 cucchiai di Grand Marnier

30 ml / 2 cucchiai di pangrattato secco

Portare a ebollizione il latte e il sale in una pentola capiente, aggiungere il riso e la scorza di limone, coprire e cuocere per 18 minuti mescolando di tanto in tanto. Togliere dal fuoco e aggiungere lo zucchero, le uova e il burro o la margarina e lasciare raffreddare. Mescolare il tuorlo, la scorza mista, le noci e il Grand Marnier. Imburrate una tortiera da 20 cm e cospargetela di pangrattato. Adagiare il composto nello stampo e cuocere in forno preriscaldato a 150°C / 300°F / gas tacca 2 per 45 minuti fino a quando uno stecchino inserito al centro esce pulito. Fate raffreddare nello stampo, sformate e servite ben caldo.

Pan di Spagna siciliano

Fa una torta di 23 x 9 cm / 7 x 3½
Torta Madeira 450 g / 1 lb

Per il ripieno:
450 g / 1 libbra / 2 tazze di ricotta

50 g / 2 once / ¼ di tazza di zucchero semolato (superfino)

30 ml / 2 cucchiai di panna doppia (pesante)

30 ml / 2 cucchiai di buccia mista tritata (candita)

15 ml / 1 cucchiaio di mandorle tritate

30 ml / 2 cucchiai di liquore all'arancia

50 g di cioccolato fondente (semidolce), grattugiato

Per la glassa (glassa):
350g / 12oz / 3 tazze di cioccolato fondente (semidolce)

175 ml / 6 fl oz / ¾ tazza di caffè nero forte

225 g / 8 once / 1 tazza di burro non salato (dolce) o margarina

Tagliare la torta nel senso della lunghezza in fette di 1/2 cm. Per fare il ripieno, passare la ricotta al setaccio (setaccio) e sbattere fino a che liscio. Aggiungere lo zucchero, la panna, le scorze miste, le mandorle, il liquore e il cioccolato. Disporre gli strati di torta e il composto di ricotta in una teglia da plumcake da 450 g / 1 lb (teglia), terminando con uno strato di torta. Piegare la pellicola sopra la parte superiore e conservare in frigorifero per 3 ore fino a quando non si solidifica.

Per preparare la glassa, sciogliere il cioccolato e il caffè in una ciotola resistente al calore posta sopra una pentola di acqua bollente. Aggiungere il burro o la margarina e continuare a sbattere fino ad ottenere un composto omogeneo. Lascia raffreddare fino a quando non si addensa.

Rimuovere la torta dalla pellicola e posizionarla su un vassoio. Spolverare o spalmare la glassa sulla parte superiore e sui lati della torta e segnare con una forchetta, se lo si desidera. Raffreddare fino a quando non si ferma.

Torta Di Ricotta Italiana

Fa una torta di 25 cm / 10

Per la salsa:

Lamponi 225g

250 ml / 8 fl oz / 1 tazza di acqua

50 g / 2 once / ¼ di tazza di zucchero semolato (superfino)

30 ml / 2 cucchiai di farina di mais (amido di mais)

Per il ripieno:

450 g / 1 libbra / 2 tazze di ricotta

225 g / 8 once / 1 tazza di formaggio cremoso

75 g / 3 once / 1/3 di tazza di zucchero semolato (superfino)

5 ml / 1 cucchiaino di essenza di vaniglia (estratto)

Scorza grattugiata di 1 limone

Scorza grattugiata di 1 arancia

Una torta di cibo degli angeli da 25 cm / 10

Per preparare la salsa, sbatti gli ingredienti fino a renderli omogenei, quindi versali in una piccola casseruola e mettili a fuoco medio, mescolando, finché la salsa non si addensa e arriva a ebollizione. Filtrare e scartare i semi, se si preferisce. Coprire e conservare in frigorifero.

Per fare il ripieno, sbattere tutti gli ingredienti fino a quando non saranno ben amalgamati.

Tagliare la torta orizzontalmente in tre strati e farcirli con due terzi del ripieno, spalmando sopra il resto. Coprire e conservare in frigorifero fino a servire con la salsa versata sopra.

Torta di vermicelli italiana

Fa una torta di 23 cm / 9
Vermicelli da 225 g / 8 once

4 uova separate

200 g / 7 once / 1 tazza scarsa di zucchero semolato (superfino)

225 g di ricotta

2,5 ml / ½ cucchiaino di cannella in polvere

2,5 ml / ½ cucchiaino di chiodi di garofano macinati

Un po' di sale

50 g / 2 once / ½ tazza di farina semplice (per tutti gli usi)

50 g / 2 once / 1/3 di tazza di uvetta

45 ml / 3 cucchiai di miele chiaro

Crema singola (leggera) o doppia (pesante) da servire

Portare a ebollizione una pentola d'acqua, aggiungere la pasta e far bollire per 2 minuti. Scolare e lavare in acqua fredda. Sbattete i tuorli con lo zucchero fino ad ottenere una crema chiara e spumosa. Aggiungere la ricotta, la cannella, i chiodi di garofano e il sale e aggiungere la farina. Mescolare l'uvetta e la pasta. Montare gli albumi fino a formare dei picchi morbidi, quindi incorporarli all'impasto della torta. Versare in una tortiera (teglia) da 23 cm unta e foderata e cuocere in forno preriscaldato a 200°C / 400°F / gas mark 6 per 1 ora fino a doratura. Scaldare il miele delicatamente e versarlo sulla torta calda. Servire caldo con panna.

Torta di Noci e Mascarpone

Fa una torta di 23 cm / 9

Pasta sfoglia 450 g / 1 lb

175 g / 6 once / ¾ tazza di mascarpone

50 g / 2 once / ¼ di tazza di zucchero semolato (superfino)

30 ml / 2 cucchiai di marmellata di albicocche (conserve)

3 tuorli d'uovo

50 g / 2 once / ½ tazza di noci, tritate

100 g / 4 oz / 2/3 tazza di buccia mista tritata (candita)

Scorza finemente grattugiata di 1 limone

Zucchero a velo, setacciato, per spolverare

Stendere la pasta e usarne metà per rivestire una teglia imburrata di 23 cm/9 in una tortiera (teglia). Montare il mascarpone con lo zucchero, la marmellata e 2 tuorli d'uovo. Mettere da parte 15 ml / 1 cucchiaio di noci per la decorazione e mescolare il resto con la scorza e la scorza di limone. Mettere in forma di pasta (torta). Ricoprire il ripieno con la restante pasta (pasta), inumidire e sigillare i bordi. Sbattere il resto del tuorlo e spennellarlo. Cuocere in forno preriscaldato a 200°C/400°F/gas mark 6 per 35 minuti fino a quando saranno lievitati e dorati. Cospargere con le noci messe da parte e spolverare con lo zucchero a velo.

Torta di mele olandese

Serve 8

150 g / 5 once / 2/3 tazza di burro o margarina

225 g / 8 once / 2 tazze di farina semplice (per tutti gli usi)

5 ml / 1 cucchiaino di lievito in polvere

2 uova separate

10 ml / 2 cucchiaini di succo di limone

900 g / 2 lb di mele da cuocere (torta), sbucciate, private del torsolo e affettate

175 g / 6 oz / 1 tazza di albicocche secche pronte al consumo, divise in quarti

100 g / 4 once / 2/3 di tazza di uvetta

30 ml / 2 cucchiai d'acqua

5 ml / 1 cucchiaino di cannella in polvere

50 g / 2 oz / ½ tazza di mandorle tritate

Strofina il burro o la margarina nella farina e nel lievito finché il composto non assomiglia al pangrattato. Aggiungere i tuorli d'uovo e 5 ml/1 cucchiaino di succo di limone e mescolare fino a che liscio. Stendere due terzi dell'impasto (pasta) e rivestire una tortiera da 23 cm imburrata (forma).

Mettere le fette di mela, le albicocche e l'uvetta in una casseruola con il restante succo di limone e l'acqua. Cuocere dolcemente per 5 minuti e scolare. Disporre la frutta nella tortiera. Mescolare la cannella con le mandorle tritate e cospargere sopra. Stendere il resto dell'impasto e fare un coperchio per la torta. Sigillare il bordo con un po' d'acqua e spennellare la superficie con l'albume. Cuocere in forno preriscaldato a 180°C/350°F/gas mark 4 per circa 45 minuti fino a quando non diventa sodo e dorato.

Torta Norvegese Normale

Fa una torta di 25 cm / 10

225 g / 8 once / 1 tazza di burro o margarina, ammorbidito

275 g / 10 once / 1¼ tazze di zucchero semolato (superfino)

5 uova

175 g / 6 once / 1½ tazza di farina (per tutti gli usi)

7,5 ml / 1½ cucchiaino di lievito in polvere

Un po' di sale

5 ml / 1 cucchiaino di essenza di mandorla (estratto)

Sbattere il burro o la margarina e lo zucchero fino a quando non saranno ben amalgamati. Aggiungere gradualmente le uova, sbattendo bene dopo ogni aggiunta. Unire la farina, il lievito, il sale e l'essenza di mandorle fino a ottenere un composto omogeneo. Trasferire in una tortiera non unta da 25 cm / 10 cm (teglia) e cuocere in forno preriscaldato a 160 °C / 320 °F / gas mark 3 per 1 ora fino a quando non è sodo al tatto. Raffreddare nella padella per 10 minuti prima di posizionarlo su una gratella per completare il raffreddamento.

Kransekake norvegese

Fa una torta di 25 cm / 10

450 g / 1 libbra / 4 tazze di mandorle tritate

100 g / 4 oz / 1 tazza di mandorle amare macinate

450 g / 1 lb / 22/3 tazze di zucchero a velo (a velo).

3 albumi d'uovo

Per la glassa (glassa):

75 g / 3 once / ½ tazza di zucchero a velo (confettieri)

½ albume d'uovo

2,5 ml / ½ cucchiaino di succo di limone

Mescolare in un pentolino le mandorle e lo zucchero a velo. Aggiungere un albume d'uovo e mettere il composto a fuoco basso fino a quando non è tiepido. Togliere dal fuoco e incorporare gli albumi rimanenti. Versare il composto in una tasca da pasticcere munita di bocchetta scanalata da 1 cm. E convogliare un tubo da 25 cm / 10 pollici. Di diametro su una teglia unta (biscotto). Continuare a creare spirali, ciascuna di 5 mm / ¼ di pollice. Più piccolo del precedente, fino ad avere 5 cm/2 di cerchio. Cuocere in forno preriscaldato a 150°C/300°F/gas mark 2 per circa 15 minuti fino a doratura. Mentre sono ancora calde, mettetele una sopra l'altra formando una torre.

Mescolare gli ingredienti per la glassa e tracciare delle linee a zigzag sulla torta con un beccuccio fine.

Torte portoghesi al cocco

12 anni fa

4 uova separate

450 g / 1 lb / 2 tazze di zucchero semolato (superfino)

450 g / 1 lb / 4 tazze di cocco essiccato (grattugiato)

100 g / 4 once / 1 tazza di farina di riso

50 ml / 2 fl oz / 3½ cucchiai di acqua di rose

1,5 ml / ¼ di cucchiaino di cannella in polvere

1,5 ml / ¼ di cucchiaino di cardamomo macinato

Un pizzico di chiodi di garofano macinati

Un pizzico di noce moscata grattugiata

25 g / 1 oz / ¼ di tazza di mandorle a scaglie (a scaglie)

Sbattere i tuorli con lo zucchero fino ad ottenere una crema chiara. Aggiungere il cocco e aggiungere la farina. Aggiungere l'acqua di rose e le spezie. Montare gli albumi a neve e incorporarli al composto. Versare in una teglia quadrata da 25cm/10cm imburrata e cospargere di mandorle. Cuocere in forno preriscaldato a 180°C/350°F/gas mark 4 per 50 minuti fino a quando uno stecchino inserito al centro risulta pulito. Lasciare raffreddare nella padella per 10 minuti, quindi tagliare a quadrati.

Torta Tosca Scandinava

Fa una torta di 23 cm / 9

2 uova

150 g / 5 once / 2/3 tazza di zucchero di canna morbido

50 g / 2 once / ¼ di tazza di burro fuso o margarina

10 ml / 2 cucchiaini di buccia d'arancia grattugiata

150 g / 5 once / 1¼ tazze di farina semplice (per tutti gli usi)

7,5 ml / 1½ cucchiaino di lievito in polvere

60 ml / 4 cucchiai di panna doppia (pesante)

Al tetto:

50 g / 2 once / ¼ di tazza di burro o margarina

50 g / 2 once / ¼ di tazza di zucchero semolato (superfino)

100 g / 4 once / 1 tazza di mandorle, tritate

15 ml / 1 cucchiaio di panna doppia (pesante)

30 ml / 2 cucchiai di farina (per tutti gli usi)

Sbattete le uova con lo zucchero fino ad ottenere una crema chiara e spumosa. Aggiungere il burro o la margarina e la scorza d'arancia, quindi aggiungere la farina e il lievito. Aggiungi la panna. Versare il composto in una tortiera da 23 cm / 9 cm imburrata e foderata e mettere in forno preriscaldato a 180 °C / 350 °C / gas mark 4 per 20 minuti.

Per la guarnizione, scaldare gli ingredienti in una casseruola, mescolando fino a quando non saranno ben amalgamati, quindi portare a ebollizione. Versare sopra la torta. Aumentare la temperatura del forno a 200°C / 400°F / gas mark 6 e rimettere la torta in forno per altri 15 minuti fino a doratura.

Biscotti Hertzog dal Sudafrica

12 anni fa

75 g / 3 once / ¾ tazza di farina semplice (per tutti gli usi)

15 ml / 1 cucchiaio di zucchero semolato (superfino)

5 ml / 1 cucchiaino di lievito in polvere

Un po' di sale

40 g / 1½ oz / 3 cucchiai di burro o margarina

1 tuorlo d'uovo grande

5 ml / 1 cucchiaino di latte

Per il ripieno:

30 ml / 2 cucchiai di marmellata di albicocche (conserve)

1 albume d'uovo grande

100 g / 4 once / ½ tazza di zucchero semolato (superfino)

50 g / 2 oz / ½ tazza di cocco essiccato (grattugiato)

Mescolare la farina, lo zucchero, il lievito e il sale. Strofinare nel burro o nella margarina fino a quando la miscela assomiglia al pangrattato. Aggiungere il tuorlo e il latte quanto basta per ottenere un impasto morbido. Impastare bene. Stendere la pasta su una spianatoia leggermente infarinata, ritagliare dei cerchi con un coppapasta (biscotti) e utilizzarli per rivestire degli stampini imburrati (padelle per hamburger). Mettete al centro di ognuno un cucchiaio di marmellata.

Per fare il ripieno montate a neve ferma gli albumi, poi aggiungete lo zucchero fino a ottenere un composto spumoso e lucido. Aggiungi il cocco. Versare il ripieno negli stampini (gusci di torta), avendo cura di coprire la marmellata. Cuocere in forno preriscaldato a 180°C/350°F/gas mark 4 per 20 minuti fino a doratura. Raffreddare negli stampi per 5 minuti prima di posizionarli su una gratella per completare il raffreddamento.

Torta basca

Fa una torta di 25 cm / 10

Per il ripieno:

50 g / 2 once / ¼ di tazza di zucchero semolato (superfino)

25 g / 1 oz / ¼ di tazza di farina di mais (amido di mais)

2 tuorli d'uovo

300 ml / ½ pt / 1¼ tazze di latte

½ baccello di vaniglia (fagiolo)

Poco zucchero a velo

Per la torta:

275 g / 10 once / 1¼ tazze di burro o margarina, ammorbidito

175 g / 5 once / ¼ di tazza di zucchero semolato (superfino)

3 uova

5 ml / 1 cucchiaino di essenza di vaniglia (estratto)

450 g / 1 lb / 4 tazze di farina semplice (per tutti gli usi)

10 ml / 2 cucchiaini di lievito in polvere

Un po' di sale

15 ml / 1 cucchiaio di brandy

zucchero a velo per spolverare

Per fare il ripieno, sbattere metà dello zucchero raffinato con la maizena, i tuorli e un po' di latte. Portare a ebollizione il restante latte e lo zucchero con il baccello di vaniglia, quindi versare lentamente il composto di uova e zucchero, sbattendo continuamente. Portare a ebollizione e cuocere per 3 minuti, mescolando continuamente. Versare in una ciotola, spolverare con lo zucchero a velo per evitare la formazione della pellicina e lasciare raffreddare.

Per preparare la torta, sbattere il burro o la margarina e lo zucchero a velo fino a renderli chiari e spumosi. Aggiungere gradualmente le uova e l'essenza di vaniglia, alternandole a cucchiaiate di farina, lievito e sale, quindi aggiungere il resto della farina. Trasferire il composto in una tasca da pasticcere munita di bocchetta normale da 1 cm/½ sulla punta (punta) e versare metà del composto a spirale nella base di una tortiera da 25 cm/10 imburrata e infarinata. Cerchia la parte superiore attorno al bordo per formare un bordo per contenere il ripieno. Eliminare il baccello di vaniglia dal ripieno, aggiungere il brandy e sbattere fino a che liscio, quindi condire con il preparato per dolci. Arrotolare il resto dell'impasto per torte a spirale sopra. Cuocere in forno preriscaldato a 190°C / 375°F / gas mark 5 per 50 minuti fino a doratura e consistenza al tatto.

Prisma di mandorle e crema di formaggio

Fa una torta di 23 cm / 9

200 g / 7 once / 1¾ tazze di burro o margarina, ammorbidito

100 g / 4 once / ½ tazza di zucchero semolato (superfino)

1 uovo

200 g / 7 once / 1 tazza scarsa di crema di formaggio

5 ml / 1 cucchiaino di succo di limone

2,5 ml / ½ cucchiaino di cannella in polvere

75 ml / 5 cucchiai di brandy

90 ml / 6 cucchiai di latte

30 Biscotti Biscotti (Biscotti)

                        Per la glassa (glassa):

60 ml / 4 cucchiai di zucchero raffinato

30 ml / 2 cucchiai di cacao (cioccolato senza zucchero) in polvere

100 g / 4 oz / 1 tazza di cioccolato fondente (semidolce)

60 ml / 4 cucchiai d'acqua

50 g / 2 once / ¼ di tazza di burro o margarina

100 g / 4 oz / 1 tazza di mandorle a scaglie (a scaglie)

Sbattere il burro o la margarina e lo zucchero fino a ottenere un composto chiaro e spumoso. Aggiungere l'uovo, la crema di formaggio, il succo di limone e la cannella. Metti un grande foglio di carta stagnola su una superficie di lavoro. Mescolare il brandy e il latte. Immergete 10 biscotti nel composto di brandy e disponete sulla sfoglia, in un rettangolo, due biscotti alti per cinque lunghi. Distribuire il composto di formaggio sui cracker. Immergete i restanti biscotti nel brandy e nel latte e adagiateli sopra il composto formando una lunga forma triangolare. Piegare la pellicola e conservare in frigorifero durante la notte.

Per preparare la glassa, portare a ebollizione lo zucchero, il cacao, il cioccolato e l'acqua in un pentolino e far bollire per 3 minuti. Togliere dal fuoco e aggiungere il burro. Lascia raffreddare un po'. Rimuovere la carta stagnola dalla torta e spalmarvi sopra il composto di cioccolato Mentre è ancora caldo, premere le mandorle. Refrigerare fino a quando non è fermo.

Torta della Foresta Nera

Fa una torta di 18 cm / 7

175 g / 6 once / ¾ tazza di burro o margarina, ammorbidito

175 g / 6 once / ¾ tazza di zucchero semolato (superfino)

3 uova, leggermente sbattute

150 g / 5 oz / 1¼ tazza di farina autolievitante (autolievitante)

25 g / 1 oz / ¼ di tazza di cacao (cioccolato non zuccherato) in polvere

10 ml / 2 cucchiaini di lievito in polvere

90 ml / 6 cucchiai di confettura di ciliegie (conserve)

100 g / 4 oz / 1 tazza di cioccolato fondente (semidolce), finemente grattugiato

400 g / 14 oz / 1 lattina grande di amarene, scolate e conservate nel succo

150 ml di panna doppia (pesante), montata

10 ml / 2 cucchiaini di arrowroot

Sbattere il burro o la margarina e lo zucchero fino a ottenere un composto chiaro e spumoso. Aggiungere gradualmente le uova e aggiungere la farina, il cacao e il lievito. Dividere il composto tra due stampini da sandwich (forminhas) da 18 cm/7 imburrati e rivestiti e cuocere in forno preriscaldato a 180 ° C / 350 ° F / gas mark 4 per 25 minuti fino a quando non è sodo al tatto. Lasciate raffreddare.

Rivestire le torte con un po' di marmellata e spalmare il resto sui lati della torta. Premere il cioccolato grattugiato sui lati della torta. Disporre le ciliegie in modo attraente sopra. Distribuire la crema sul bordo superiore della torta. Riscaldare la radice di freccia con un po' di succo di ciliegia e spennellare la frutta per farla solidificare.

Gâteau cioccolato e mandorle

Fa una torta di 23 cm / 9

100 g / 4 oz / 1 tazza di cioccolato fondente (semidolce)

100 g / 4 once / ½ tazza di burro o margarina, ammorbidito

150 g / 5 once / 2/3 tazza di zucchero semolato (superfino)

3 uova, separate

50 g / 2 oz / ½ tazza di mandorle tritate

100 g / 4 once / 1 tazza di farina semplice (per tutti gli usi)

Per il ripieno:
225 g / 8 once / 2 tazze di cioccolato fondente (semidolce)

300 ml / ½ pt / 1¼ tazze di panna doppia (pesante)

75g / 3oz / ¼ di tazza di marmellata di lamponi (conserva)

Sciogliere il cioccolato in una ciotola resistente al calore sopra una pentola di acqua bollente. Sbattere il burro o la margarina con lo zucchero e aggiungere il cioccolato e i tuorli d'uovo. Aggiungere le mandorle tritate e la farina. Montare a neve ferma gli albumi e incorporarli al composto. Versare in una tortiera da 23 cm / 9 unta e foderata e cuocere in forno preriscaldato a 180 ° C / 350 ° F / gas mark 4 per 40 minuti fino a quando non è sodo al tatto. Lascia raffreddare e taglia la torta a metà orizzontalmente.

Per fare il ripieno, sciogliere il cioccolato e la panna in una ciotola resistente al calore sopra una pentola di acqua bollente. Mescolare fino a che liscio, quindi raffreddare, mescolando di tanto in tanto. Rivestire le torte con la marmellata e metà della crema al cioccolato, spalmare la crema rimanente sulla parte superiore e sui lati della torta e mettere da parte.

Torta Cheesecake Al Cioccolato

Fa una torta di 23 cm / 9

Per la base:

25 g / 1 oz / 2 cucchiai di zucchero semolato (superfino)

175 g / 6 oz / 1½ tazza di biscotti digestivi sbriciolati (Graham crackers)

75 g / 3 once / 1/3 di tazza di burro fuso o margarina

Per il ripieno:

100 g / 4 oz / 1 tazza di cioccolato fondente (semidolce)

300 g / 10 once / 1¼ tazze di formaggio cremoso

3 uova, separate

45 ml / 3 cucchiai di cacao (cioccolato senza zucchero) in polvere

25 g / 1 oncia / ¼ di tazza di farina semplice (per tutti gli usi)

50 g / 2 once / ¼ di tazza di zucchero di canna morbido

150 ml / ¼ pt / 2/3 tazza di panna acida (acido lattico)

50 g / 2 oz / ¼ di tazza di zucchero semolato (superfino) per la decorazione:

100 g / 4 oz / 1 tazza di cioccolato fondente (semidolce)

25 g / 1 oz / 2 cucchiai di burro o margarina

120 ml / 4 fl oz / ½ tazza di panna doppia (pesante)

6 ciliegie glassate (candite)

Per preparare la base, mescolare lo zucchero e i biscotti sbriciolati nel burro fuso e premere sulla base e sui lati di una teglia da 23 cm / 9 unta (teglia).

Per fare il ripieno, sciogliere il cioccolato in una ciotola resistente al calore sopra una pentola di acqua bollente. Lascia raffreddare un po'. Sbattere il formaggio con i tuorli, il cacao, la farina, lo zucchero di canna e la panna e unire il cioccolato fuso. Montare gli albumi a neve ben ferma, quindi aggiungere lo zucchero semolato e sbattere ancora fino a quando non diventano sodi e lucidi. Incorporare il composto con un cucchiaio di metallo e adagiarlo sulla base, livellando la superficie. Cuocere in forno preriscaldato a 160°C/325°F/gas mark 3 per 1 ora e mezza. Spegnete il forno e lasciate raffreddare la torta nel forno con lo sportello socchiuso. Raffreddare fino a quando non si ferma e rimuovere dalla teglia.

Per decorare, sciogliere il cioccolato e il burro o la margarina in una ciotola resistente al calore posta sopra una pentola di acqua bollente. Togliere dal fuoco e lasciare raffreddare leggermente, quindi incorporare la panna. Agitare il cioccolato sopra la torta negli stampini e decorare con la glassa di ciliegie.

Torta al cioccolato fondente

Fa una torta di 20 cm / 8

75 g / 3 once / ¾ tazza di cioccolato puro (semidolce), tritato

200 ml / 7 fl oz / 1 tazza scarsa di latte

225 g / 8 once / 1 tazza di zucchero di canna scuro

75 g / 3 once / 1/3 tazza di burro o margarina, ammorbidito

2 uova, leggermente sbattute

2,5 ml / ½ cucchiaino di essenza di vaniglia (estratto)

150 g / 5 once / 1¼ tazze di farina semplice (per tutti gli usi)

25 g / 1 oz / ¼ di tazza di cacao (cioccolato non zuccherato) in polvere

5 ml / 1 cucchiaino di bicarbonato di sodio (bicarbonato di sodio)

Per la glassa (glassa):
100 g / 4 oz / 1 tazza di cioccolato fondente (semidolce)

100 g / 4 once / ½ tazza di burro o margarina, ammorbidito

225 g / 8 once / 11/3 tazze di zucchero a velo (da pasticcere), setacciato

Scaglie o riccioli di cioccolato per decorare

Sciogliere il cioccolato, il latte e 75 g / 3 oz / 1/3 tazza di zucchero in una casseruola e lasciare raffreddare leggermente. Sbattere il burro e lo zucchero rimanente fino a ottenere un composto chiaro e spumoso. Sbattere gradualmente le uova e l'estratto di vaniglia, quindi aggiungere il composto di cioccolato. Mescolare delicatamente la farina, il cacao e il bicarbonato di sodio. Versare il composto in due stampini da 20 cm unti e foderati e cuocere in forno preriscaldato a 180 °C / 350 °F / gas mark 4 per 30 minuti fino a quando non diventano elastici al tatto. Lasciatela raffreddare negli stampini per 3 minuti e poi mettetela in forno per terminare il raffreddamento.

Per preparare la glassa, sciogliere il cioccolato in una ciotola resistente al calore sopra una pentola di acqua bollente. Sbattere il burro o la margarina con lo zucchero fino a ottenere un composto spumoso e aggiungere il cioccolato fuso. Coprire le torte con un terzo della glassa e spalmare il resto sulla parte superiore e sui lati della torta. Decora la parte superiore con scaglie sbriciolate o fai dei riccioli raschiando un coltello affilato lungo il lato di una barretta di cioccolato.

Gâteau alla carruba e menta

Fa una torta di 20 cm / 8

3 uova

50 g / 2 once / ¼ di tazza di zucchero semolato (superfino)

75 g / 3 oz / 1/3 di tazza di farina autolievitante (autolievitante)

25 g / 1 oz / ¼ di tazza di carruba in polvere

150 ml / ¼ pt / 2/3 tazza di panna pesante

Qualche goccia di essenza di menta piperita (estratto)

50 g / 2 once / ½ tazza di noci miste tritate

Sbattere le uova fino a renderle chiare. Aggiungere lo zucchero e continuare fino a ottenere un composto chiaro e cremoso e rilasciare la frusta a listarelle. Questo può richiedere da 15 a 20 minuti. Mescolare la farina e la polvere di carrube e incorporarle al composto di uova. Versare in due tortiere da 20 cm / 18 cm imburrate e foderate (teglie da forno) e cuocere in forno preriscaldato a 180 ° C / 350 ° F / gas mark 4 per 15 minuti fino a quando non diventa elastico al tatto. Freddo.

Montare la panna fino ad ottenere delle cime morbide, aggiungere l'essenza e le noci. Tagliare ogni torta a metà orizzontalmente e disporre tutte le torte insieme alla panna acida.

Torta al caffè ghiacciata

Fa una torta di 18 cm / 7

225 g / 8 once / 1 tazza di burro o margarina

100 g / 4 once / ½ tazza di zucchero semolato (superfino)

2 uova, leggermente sbattute

100 g / 4 once / 1 tazza di farina autolievitante (autolievitante)

Un po' di sale

30 ml / 2 cucchiai di essenza di caffè (estratto)

100 g / 4 oz / 1 tazza di mandorle a scaglie (a scaglie)

225 g / 8 once / 11/3 tazze di zucchero a velo (da pasticcere), setacciato

Sbattere metà del burro o della margarina e lo zucchero semolato fino a ottenere un composto chiaro e spumoso. Aggiungere gradualmente le uova, aggiungere la farina, il sale e 15 ml/1 cucchiaio di essenza di caffè. Versare il composto in due stampini da sandwich da 18 cm / 7 cm unti e foderati e cuocere in forno preriscaldato a 180 °C / 350 °F / gas mark 4 per 25 minuti fino a quando non è sodo al tatto. Lasciate raffreddare. Mettere le mandorle in una padella asciutta (padella) e metterle in un forno medio, agitando continuamente la padella, fino a doratura.

Sbattere il burro o la margarina rimanenti fino a renderli spumosi e aggiungere gradualmente lo zucchero a velo e l'essenza di caffè rimanente fino a ottenere una consistenza spalmabile. Sandwich le torte con un terzo della glassa (glassa). Distribuire la restante metà della glassa sui lati della torta e premere le mandorle tostate nella glassa. Distribuire il resto sulla torta e incidere con una forchetta.

Anello Gâteau Caffè e Noci

Fa una torta di 23 cm / 9

Per la torta:

15 ml / 1 cucchiaio di caffè istantaneo in polvere

15 ml / 1 cucchiaio di latte

100 g / 4 once / 1 tazza di farina autolievitante (autolievitante)

5 ml / 1 cucchiaino di lievito in polvere

100 g / 4 once / ½ tazza di burro o margarina, ammorbidito

100 g / 4 once / ½ tazza di zucchero semolato (superfino)

2 uova, leggermente sbattute

Per il ripieno:

45 ml / 3 cucchiai di marmellata di albicocche (conserva), setacciata (colata)

15 ml / 1 cucchiaio di acqua

10 ml / 2 cucchiaini di caffè istantaneo in polvere

30 ml / 2 cucchiai di latte

100 g / 4 once / 2/3 tazza di zucchero a velo (da pasticcere), setacciato

50 g / 2 once / ¼ tazza di burro o margarina, ammorbidito

50 g / 2 once / ½ tazza di noci, tritate

Per la glassa (glassa):

30 ml / 2 cucchiai di caffè istantaneo in polvere

90 ml / 6 cucchiai di latte

450 g / 1 lb / 22/3 tazze di zucchero a velo, setacciato

50 g / 2 once / ¼ di tazza di burro o margarina

Qualche metà di noce per decorare

Per fare la torta, sciogliere il caffè nel latte, mescolarlo con gli altri ingredienti della torta e sbattere fino a quando tutto è ben amalgamato. Versare in uno stampo imburrato da 23 cm / 9 anelli (padella tubolare) e cuocere in forno preriscaldato a 160°C / 325°F / gas mark 3 per 40 minuti fino a quando diventa elastico al tatto. Raffreddare nella padella per 5 minuti, quindi posizionare su una gratella per completare il raffreddamento. Tagliare la torta a metà orizzontalmente.

Per fare il ripieno, scaldare la marmellata e l'acqua fino a renderla liscia, quindi spennellare le superfici tagliate della torta. Sciogliere il caffè nel latte, unire lo zucchero a velo con il burro o la margarina e le noci e sbattere fino ad ottenere una consistenza spalmabile. Unire le due metà della torta al ripieno.

Per fare la guarnizione, sciogliere il caffè nel latte in una ciotola resistente al calore posta sopra una pentola di acqua bollente. Aggiungere lo zucchero a velo e il burro o la margarina e sbattere fino a che liscio. Togliere dal fuoco e lasciare raffreddare e addensare fino a ottenere una consistenza di rivestimento, sbattendo di tanto in tanto. Adagiare la glassa sulla torta, decorare con le noci a metà e far rapprendere.

Gâteau al cioccolato e crema pasticcera danese

Fa una torta di 23 cm / 9

4 uova separate

175 g / 6 once / 1 tazza di zucchero a velo (da pasticcere), setacciato

Scorza grattugiata di ½ limone

60 g / 2½ oz / 2/3 tazza di farina semplice (per tutti gli usi)

60 g / 2½ oz / 2/3 tazza di farina di patate

2,5 ml / ½ cucchiaino di lievito in polvere

Per il ripieno:
45 ml / 3 cucchiai di zucchero semolato (superfino)

15 ml / 1 cucchiaio di farina di mais (amido di mais)

300 ml / ½ pt / 1¼ tazze di latte

3 tuorli d'uovo sbattuti

50 g / 2 once / ½ tazza di noci miste tritate

150 ml / ¼ pt / 2/3 tazza di panna doppia (pesante)

Al tetto:
100 g / 4 oz / 1 tazza di cioccolato fondente (semidolce)

30 ml / 2 cucchiai di panna doppia (pesante)

25 g / 1 oz / ¼ di tazza di cioccolato bianco, grattugiato o tagliato a riccioli

Sbattere i tuorli con lo zucchero a velo e la scorza di limone. Unire le farine e il lievito. Montare a neve ferma gli albumi e incorporarli al composto con un cucchiaio di metallo. Versare in una tortiera da 23 cm / 9 unta e foderata e cuocere in forno preriscaldato a 190 ° C / 375 ° F / gas 5 per 20 minuti fino a doratura e elastica al tatto. Raffreddare nella padella per 5 minuti, quindi posizionare su una gratella per completare il raffreddamento. Tagliare la torta orizzontalmente in tre strati.

Per fare il ripieno, sbattere lo zucchero e la maizena fino a formare una pasta con un po' di latte. Portare a ebollizione il latte rimanente, versarvi sopra la miscela di amido di mais e mescolare bene. Ritorna nella padella sciacquata e mescola continuamente a fuoco molto dolce fino a quando la crema si addensa. Sbattete i tuorli a fuoco molto basso, senza far bollire la panna. Fate raffreddare un po' e aggiungete le noci. Montare la panna a neve ben ferma e unirla alla panna. Unire gli strati alla crema.

Per fare la glassa, sciogliere il cioccolato con la panna in una ciotola resistente al calore posta sopra una pentola di acqua bollente. Distribuire sulla torta e decorare con cioccolato bianco grattugiato.

torta di frutta

Fa una torta di 20 cm / 8

1 mela da cuocere (torta), sbucciata, priva di torsolo e tagliata a dadini

25 g / 1 oz / ¼ di tazza di fichi secchi, tritati

25 g / 1 oz / ¼ di tazza di uvetta

75 g / 3 once / 1/3 tazza di burro o margarina, ammorbidito

2 uova

175 g / 6 once / 1½ tazze di farina integrale (integrale)

5 ml / 1 cucchiaino di lievito in polvere

30 ml / 2 cucchiai di latte scremato

15 ml / 1 cucchiaio di gelatina

30 ml / 2 cucchiai d'acqua

400 g / 14 oz / 1 lattina grande di ananas tritato, sgocciolato

300 ml / ½ pt / 1¼ tazze di formaggio fresco

150 ml / ¼ pt / 2/3 tazza di panna pesante

Mescolare la mela, i fichi, l'uvetta e il burro o la margarina. Aggiungi le uova. Unire la farina, il lievito e il latte quanto basta per formare un composto omogeneo. Versare in una tortiera da 20 cm / 8 imburrata (teglia) e cuocere in forno preriscaldato a 180 °C / 350 °F / gas mark 4 per 30 minuti fino a quando non è sodo al tatto. Togliere dallo stampo e lasciare raffreddare su una gratella.

Per fare il ripieno, cospargere la gelatina sull'acqua in una piccola ciotola e lasciare che formi una spugna. Metti la ciotola in una pentola di acqua calda e lasciala sciogliere. Lascia raffreddare un po'. Aggiungere l'ananas, il formaggio fresco e la panna e mettere in frigo finché non si rassoda. Tagliare la torta a metà orizzontalmente e farcirla a sandwich con la crema.

savarin alla frutta

Fa una torta di 20 cm / 8

15 g / ½ oz di lievito fresco o 20 ml / 4 cucchiaini di lievito secco

45 ml / 3 cucchiai di latte caldo

100 g / 4 oz / 1 tazza di farina forte (pane)

Un po' di sale

5 ml / 1 cucchiaino di zucchero

2 uova sbattute

50 g / 2 once / ¼ tazza di burro o margarina, ammorbidito

Per lo sciroppo:
225 g / 8 once / 1 tazza di zucchero semolato (superfino)

300 ml / ½ pt / 1¼ tazze d'acqua

45 ml / 3 cucchiai di kirsch

Per il ripieno:
2 banane

100 g di fragole, a fette

100 g di lamponi

Sbattere il lievito con il latte e aggiungere 15 ml/1 cucchiaio di farina. Lasciare riposare fino a quando non diventa spumoso. Aggiungere la farina rimanente, il sale, lo zucchero, le uova e il burro e sbattere fino a che liscio. Trasferire in uno stampo da savarin o ad anello (stampo tubolare) imburrato e infarinato di 20 cm/8 cucchiai e lasciare in un luogo caldo per circa 45 minuti fino a quando il composto raggiunge quasi il bordo dello stampo. Cuocere in forno preriscaldato per 30 minuti fino a doratura e restringimento sui lati della padella. Sformare su una gratella sopra un vassoio e bucherellare il tutto con uno spiedino.

Mentre il savarin cuoce, preparate lo sciroppo. Sciogliere lo zucchero nell'acqua a fuoco basso, mescolando di tanto in tanto. Portare a ebollizione e cuocere senza mescolare per 5 minuti fino a ottenere uno sciroppo. Aggiungere il kirsch. Versare lo sciroppo caldo sul savarin fino a saturazione. Lasciate raffreddare.

Tagliate le banane a fettine sottili e mescolatele con gli altri frutti e lo sciroppo che è colato sul vassoio. Disporre il savarin su un piatto e adagiare al centro la frutta prima di servire.

Torta a strati di pan di zenzero

Fa una torta di 18 cm / 7

100 g / 4 once / 1 tazza di farina autolievitante (autolievitante)

5 ml / 1 cucchiaino di lievito in polvere

100 g / 4 once / ½ tazza di burro o margarina, ammorbidito

100 g / 4 once / ½ tazza di zucchero semolato (superfino)

2 uova

Per farcire e decorare:

150 ml / ¼ pt / 2/3 tazza di panna montata o doppia panna (pesante)

Marmellata di zenzero da 100 g / 4 once / 1/3 di tazza

4 biscotti di pan di zenzero (biscotti), schiacciati

Qualche pezzetto di zenzero candito (candito).

Sbattere tutti gli ingredienti della torta fino a quando non saranno ben amalgamati. Versare in due stampini da 18 cm/7 cm imburrati e rivestiti (teglie da forno) e cuocere in forno preriscaldato a 160 °C/325 °F/gas mark 3 per 25 minuti fino a doratura e consistenza elastica al tatto. Lasciare raffreddare negli stampini per 5 minuti e poi infornare per completare il raffreddamento. Taglia ogni torta a metà orizzontalmente.

Per fare il ripieno montate la panna a neve ben ferma. Spalmare lo strato di base di una torta con metà della marmellata e adagiarvi sopra il secondo strato. Distribuire metà della crema e coprire con lo strato successivo. Spalmare il resto della marmellata e ricoprire con l'ultimo strato. Distribuire sopra la crema rimanente e guarnire con i biscotti sbriciolati e lo zenzero candito.

Gâteau di uva e pesche

Fa una torta di 20 cm / 8

4 uova

100 g / 4 once / ½ tazza di zucchero semolato (superfino)

75 g / 6 once / 1½ tazza di farina (per tutti gli usi)

Un po' di sale

Per farcire e decorare:

100 g / 14 oz / 1 grande lattina di pesche in scatola

450 ml / ¾ pt / 2 tazze di panna doppia (pesante)

50 g / 2 once / ¼ di tazza di zucchero semolato (superfino)

Qualche goccia di essenza di vaniglia (estratto)

100 g / 4 once / 1 tazza di nocciole, tritate

100 g / 4 once di uva senza semi (senza semi)

Un rametto di menta fresca

Sbattete le uova e lo zucchero fino ad ottenere un composto denso e leggero e lasciate la pastella a listarelle. Setacciare la farina e il sale e mescolare delicatamente fino a incorporarli. Trasferire in una tortiera da 20 cm / 8 libbre imburrata e foderata con un cucchiaio (teglia) e cuocere in forno preriscaldato a 180 °C / 350 °F / gas mark 4 per 30 minuti fino a quando uno stuzzicadenti inserito al centro non fuoriesce pulito. Raffreddare nella padella per 5 minuti, quindi posizionare su una gratella per completare il raffreddamento. Tagliare la torta a metà orizzontalmente.

Scolare le pesche e riservare 90 ml/6 cucchiai di sciroppo. Affettare sottilmente metà delle pesche e tritare il resto. Montare la panna con lo zucchero e l'essenza di vaniglia fino a renderla densa. Distribuire metà della crema sullo strato inferiore della torta, cospargere con le pesche tritate e riposizionare la parte superiore della torta. Distribuire la restante crema sui lati e sopra la torta. Schiacciare le noci tritate sui lati. Disporre le pesche a fette attorno al bordo della torta e l'uva al centro. Decorate con un rametto di menta.

Torta al Limone

Fa una torta di 18 cm / 7

Per la torta:

100 g / 4 once / ½ tazza di burro o margarina, ammorbidito

100 g / 4 once / ½ tazza di zucchero semolato (superfino)

2 uova, leggermente sbattute

100 g / 4 once / 1 tazza di farina autolievitante (autolievitante)

Un po' di sale

Scorza grattugiata e succo di 1 limone

Per la glassa (glassa):

100 g / 4 once / ½ tazza di burro o margarina, ammorbidito

225 g / 8 once / 11/3 tazze di zucchero a velo (da pasticcere), setacciato

100 g / 4 once / 1/3 di tazza di cagliata di limone

Coprire i fiori per la decorazione

Per preparare la torta, sbattere il burro o la margarina e lo zucchero fino a renderli chiari e spumosi. Aggiungere lentamente le uova e poi la farina, il sale e la scorza di limone. Versare il composto in due stampini da sandwich da 18 cm / 7 cm unti e foderati e cuocere in forno preriscaldato a 180 °C / 350 °F / gas mark 4 per 25 minuti fino a quando non è sodo al tatto. Lasciate raffreddare.

Per preparare la glassa, sbattere il burro o la margarina fino a renderli spumosi, quindi aggiungere lo zucchero a velo e il succo di limone fino a ottenere una consistenza spalmabile. Coprire le torte con la cagliata di limone e distribuire tre quarti della glassa sulla parte superiore e sui lati della torta, segnando con una forchetta i motivi. Mettere il resto della glassa in una tasca da pasticcere dotata di una punta a stella (punta) e rosette di tubi intorno alla parte superiore della torta. Decorare con fiori di glassa.

Gateau Marrone

Fa una torta di 25 cm / 10

425 g / 15 oz / 1 lattina grande di purea di castagne

6 uova, separate

5 ml / 1 cucchiaino di essenza di vaniglia (estratto)

5 ml / 1 cucchiaino di cannella in polvere

350 g / 12 oz / 2 tazze di zucchero a velo (da pasticcere), setacciato

100 g / 4 once / 1 tazza di farina semplice (per tutti gli usi)

5 ml / 1 cucchiaino di gelatina in polvere

30 ml / 2 cucchiai d'acqua

15 ml / 1 cucchiaio di rum

300 ml / ½ pt / 1¼ tazze di panna doppia (pesante)

90 ml / 6 cucchiai di marmellata di albicocche (conserva), setacciata (colata)

30 ml / 2 cucchiai d'acqua

450 g / 1 lb / 4 tazze di cioccolato fondente (semidolce), spezzettato

100 g / 4 once di pasta di mandorle

30 ml / 2 cucchiai di pistacchi tritati

Setacciare la purea di castagne e mescolare fino a che liscio, quindi dividere a metà. Mescolare metà con i tuorli d'uovo, l'essenza di vaniglia, la cannella e 50 g di zucchero a velo. Sbattere gli albumi a neve ferma, quindi sbattere gradualmente lo zucchero a velo da 6 once / 175 g / 1 tazza fino a quando il composto non forma dei picchi rigidi. Aggiungere al composto di tuorlo d'uovo e castagne. Aggiungere la farina e mettere in una tortiera da 25 cm/10 cm imburrata e foderata. Cuocere in forno preriscaldato a 180°C/350°F/gas mark 4 per 45 minuti fino a quando risulta morbido al tatto. Lasciate raffreddare, coprite e lasciate riposare per una notte.

Cospargi la gelatina sull'acqua in una ciotola e lasciala fino a quando non diventa spugnosa. Metti la ciotola in una pentola di acqua calda e lasciala sciogliere. Lascia raffreddare un po'. Mescolare la restante purea di castagne con lo zucchero a velo rimasto e il rum. Montare la panna a neve ben ferma e unirla alla purea con la gelatina sciolta. Tagliate orizzontalmente la torta in tre parti e farcite un panino con la purea di castagne. Tagliare i bordi e conservare in frigorifero per 30 minuti.

Bollire la marmellata con l'acqua fino a quando non sarà ben amalgamata e spennellare la parte superiore e i lati della torta. Sciogliere il cioccolato in una ciotola resistente al calore sopra una pentola di acqua bollente. Formate con la pasta di mandorle 16 sagome di castagne. Passate la base nel cioccolato fuso e poi nei pistacchi. Distribuire il restante cioccolato sopra e sui lati della torta e lisciare la superficie con una spatola. Disporre le castagne in pasta di mandorle sul bordo mentre il cioccolato è ancora caldo e incidere in 16 fette. Lasciar raffreddare e indurire.

millefoglie

Fa una torta di 23 cm / 9
Pasta sfoglia 225 g / 8 oz

150 ml / ¼ pt / 2/3 tazza doppia (pesante) o panna da montare

45 ml / 3 cucchiai di marmellata di lamponi (conserve)

Zucchero a velo, setacciato

Stendere la pasta (pasta) a uno spessore di circa 3 mm / 1/8 e tagliare in tre rettangoli uguali. Mettere su una teglia umida (biscotto) e cuocere in forno preriscaldato a 200 °C / 400 °F / gas mark 6 per 10 minuti fino a doratura. Lascia raffreddare su una gratella. Montare la panna a neve ferma. Distribuire la marmellata sopra due rettangoli di pasta. Stendete i rettangoli con la crema, coprendo con la crema rimanente. Servire spolverato di zucchero a velo.

Torta all'arancia

Fa una torta di 18 cm / 7

225 g / 8 once / 1 tazza di burro o margarina, ammorbidito

100 g / 4 once / ½ tazza di zucchero semolato (superfino)

2 uova, leggermente sbattute

100 g / 4 once / 1 tazza di farina autolievitante (autolievitante)

Un po' di sale

Scorza grattugiata e succo di 1 arancia

225 g / 8 once / 11/3 tazze di zucchero a velo (da pasticcere), setacciato

Fette di arancia glacé (candite) per decorare

Sbattere metà del burro o della margarina e lo zucchero semolato fino a ottenere un composto chiaro e spumoso. Aggiungere gradualmente le uova e poi la farina, il sale e la scorza d'arancia. Versare il composto in due stampini da sandwich da 18 cm / 7 cm unti e foderati e cuocere in forno preriscaldato a 180 °C / 350 °F / gas mark 4 per 25 minuti fino a quando non è sodo al tatto. Lasciate raffreddare.

Sbattere il burro o la margarina rimanenti fino a renderli spumosi, quindi aggiungere lo zucchero a velo e il succo d'arancia fino a ottenere una consistenza spalmabile. Coprire le torte con un terzo della glassa (glassa) e distribuire il resto sulla parte superiore e sui lati della torta, segnando con una forchetta a motivi. Decorare con fettine di arancia glassate.

Gâteau di marmellata di arance a quattro strati

Fa una torta di 23 cm / 9

Per la torta:

200 ml / 7 fl oz / 1 tazza scarsa di acqua

25 g / 1 oz / 2 cucchiai di burro o margarina

4 uova, leggermente sbattute

300 g / 11 once / 1 1/3 tazze di zucchero semolato (superfino)

5 ml / 1 cucchiaino di essenza di vaniglia (estratto)

300g / 11oz / 2¾ tazze di farina semplice (per tutti gli usi)

10 ml / 2 cucchiaini di lievito in polvere

Un po' di sale

Per il ripieno:

30 ml / 2 cucchiai di farina (per tutti gli usi)

30 ml / 2 cucchiai di farina di mais (amido di mais)

15 ml / 1 cucchiaio di zucchero semolato (superfino)

2 uova separate

450 ml / ¾ pt / 2 tazze di latte

5 ml / 1 cucchiaino di essenza di vaniglia (estratto)

120 ml / 4 fl oz / ½ tazza di sherry dolce

175 g / 6 oz / ½ tazza di marmellata di arance

120 ml / 4 fl oz / ½ tazza di panna doppia (pesante)

100 g / 4 oz di croccante di arachidi, tritato

Per preparare la torta, portare a ebollizione l'acqua con il burro o la margarina. Sbattete le uova con lo zucchero fino ad ottenere una crema chiara e spumosa, poi continuate a sbattere fino ad ottenere un composto molto chiaro. Aggiungere l'essenza di vaniglia, spolverare con la farina, il lievito e il sale e aggiungere il burro a ebollizione con l'acqua. Mescolare fino a quando ben miscelato. Versare in due stampi da sandwich (teglie) da 23 cm unti e infarinati e cuocere in forno preriscaldato a 180 °C / 350 °F / gas mark 4 per 25 minuti fino a doratura ed elastico al tatto. Lasciatela raffreddare negli stampini per 3 minuti e poi mettetela in forno per terminare il raffreddamento. Taglia ogni torta a metà orizzontalmente.

Per fare il ripieno, impastare la farina, la maizena, lo zucchero ei tuorli d'uovo fino a formare una pasta con un po' di latte. Portare a ebollizione il latte rimanente in una casseruola, versarlo nel composto e frullare fino a che liscio. Ritorna nella padella sciacquata e porta ad ebollizione a fuoco basso, mescolando continuamente fino a quando non si addensa. Togliete dal fuoco e aggiungete l'essenza di vaniglia, quindi fate raffreddare leggermente. Montare a neve ferma gli albumi, poi incorporarli.

Cospargere lo sherry sui quattro strati della torta, spalmarne tre con la marmellata, quindi spalmare sopra la crema. Assemblare gli strati insieme in un sandwich a quattro strati. Montare la panna a neve ferma e versarla sulla torta. Cospargere con il croccante di arachidi.

Gateau di noci pecan e datteri

Fa una torta di 23 cm / 9

Per la torta:

250 ml / 8 fl oz / 1 tazza di acqua bollente

450 g / 1 lb / 2 tazze di datteri snocciolati (snocciolati), tritati finemente

2,5 ml / ½ cucchiaino di bicarbonato di sodio (bicarbonato di sodio)

225 g / 8 once / 1 tazza di burro o magarina, ammorbidito

225 g / 8 once / 1 tazza di zucchero semolato (superfino)

3 uova

100 g / 4 once / 1 tazza di noci pecan tritate

5 ml / 1 cucchiaino di essenza di vaniglia (estratto)

350 g / 12 oz / 3 tazze di farina semplice (per tutti gli usi)

10 ml / 2 cucchiaini di cannella in polvere

5 ml / 1 cucchiaino di lievito in polvere

Per la glassa (glassa):

120 ml / 4 fl oz / ½ tazza di acqua

30 ml / 2 cucchiai di cacao (cioccolato senza zucchero) in polvere

10 ml / 2 cucchiaini di caffè istantaneo in polvere

100 g / 4 once / ½ tazza di burro o margarina

400 g / 14 once / 21/3 tazze di zucchero a velo (da pasticcere), setacciato

50 g di noci pecan, tritate finemente

Per preparare la torta, versa l'acqua bollente sui datteri e il bicarbonato di sodio e lascia riposare fino a quando non si raffredda. Sbattere il burro o la margarina e lo zucchero raffinato fino a ottenere un composto chiaro e spumoso. Aggiungere gradualmente le uova e aggiungere le noci, l'essenza di vaniglia e i datteri. Unire la farina, la cannella e il lievito. Versare in due teglie da 23 cm / 9 unte (teglie da forno) e cuocere in forno preriscaldato a 180 °C / 350 °F / gas mark 4 per 30 minuti fino a quando non diventa elastico al tatto. Sformare su una gratella per raffreddare.

Per preparare la glassa, far bollire l'acqua, il cacao e il caffè in un pentolino fino ad ottenere uno sciroppo denso. Lasciate raffreddare. Sbattere il burro o la margarina e lo zucchero a velo fino a ottenere un composto spumoso e aggiungere lo sciroppo. Sandwich le torte con un terzo della glassa. Distribuire la restante metà della glassa sui lati della torta e premere le noci tritate. Distribuire la maggior parte della glassa rimanente sopra e condire alcune rosette di glassa.

Gâteau di prugne e cannella

Fa una torta di 23 cm / 9

350 g / 12 oz / 1½ tazza di burro o margarina, ammorbiditi

175 g / 6 once / ¾ tazza di zucchero semolato (superfino)

3 uova

150 g / 5 oz / 1¼ tazza di farina autolievitante (autolievitante)

5 ml / 1 cucchiaino di lievito in polvere

5 ml / 1 cucchiaino di cannella in polvere

350 g / 12 oz / 2 tazze di zucchero a velo (da pasticcere), setacciato

5 ml / 1 cucchiaino di buccia d'arancia finemente grattugiata

100 g / 4 oz / 1 tazza di nocciole, macinate grossolanamente

300 g / 11 oz / 1 prugne medie in scatola, scolate

Sbattere metà del burro o della margarina e lo zucchero semolato fino a ottenere un composto chiaro e spumoso. A poco a poco sbattete le uova e poi aggiungete la farina, il lievito e la cannella. Trasferire in una teglia quadrata da 23 cm unta e foderata con un cucchiaio e cuocere in forno preriscaldato a 180 °C / 350 °F / gas mark 4 per 40 minuti fino a quando uno stuzzicadenti inserito al centro esce pulito. Sformare e lasciare raffreddare.

Sbattere il burro o la margarina rimanenti fino a renderli spumosi, quindi incorporare lo zucchero a velo e la scorza d'arancia grattugiata. Tagliare la torta a metà orizzontalmente, quindi unire le due metà con due terzi della glassa. Distribuire la maggior parte della glassa rimanente sulla parte superiore e sui lati della torta. Premi le noci sui lati della torta e disponi le prugne in modo attraente sopra. Avvolgi la glassa rimanente in modo decorativo attorno al bordo superiore della torta.

Potare il gateau a strati

Fa una torta di 25 cm / 10

Per la torta:

225 g / 8 once / 1 tazza di burro o margarina

300 g / 10 once / 2¼ tazze di zucchero semolato (superfino)

3 uova, separate

450 g / 1 lb / 4 tazze di farina semplice (per tutti gli usi)

5 ml / 1 cucchiaino di lievito in polvere

5 ml / 1 cucchiaino di bicarbonato di sodio (bicarbonato di sodio)

5 ml / 1 cucchiaino di cannella in polvere

5 ml / 1 cucchiaino di noce moscata grattugiata

2,5 ml / ½ cucchiaino di chiodi di garofano macinati

Un po' di sale

250 ml / 8 fl oz / 1 tazza di panna naturale (leggera)

225 g / 8 once / 11/3 tazze di prugne cotte snocciolate (snocciolate), tritate finemente

Per il ripieno:

250 ml / 8 fl oz / 1 tazza di panna naturale (leggera)

100 g / 4 once / ½ tazza di zucchero semolato (superfino)

3 tuorli d'uovo

225 g / 8 once / 11/3 tazze di prugne cotte snocciolate (snocciolate)

30 ml / 2 cucchiai di buccia d'arancia grattugiata

5 ml / 1 cucchiaino di essenza di vaniglia (estratto)

50 g / 2 once / ½ tazza di noci miste tritate

Per fare la torta, sbattere il burro o la margarina e lo zucchero. Aggiungere gradualmente i tuorli e aggiungere la farina, il lievito, il bicarbonato, le spezie e il sale. Aggiungere la panna e le prugne. Montare a neve ferma gli albumi e incorporarli al composto. Versare in tre stampini da sandwich (teglie) da 25 cm unti e infarinati e metterli in forno preriscaldato a 180 °C / 350 °F / gas mark 4 per 25 minuti fino a quando saranno ben lievitati ed elastici al tatto. Lasciate raffreddare.

Mescolare tutti gli ingredienti del ripieno tranne le noci fino a quando non saranno ben amalgamati. Mettere in una casseruola e cuocere a fuoco basso fino a quando non si addensa, mescolando continuamente. Distribuire un terzo del ripieno sulla base della torta e cospargere con un terzo delle noci. Metti la seconda torta sopra e sopra con metà della glassa rimanente e metà delle noci rimanenti. Posizionare l'ultima torta sopra e spalmare il resto della glassa e delle noci.

torta a strisce arcobaleno

Fa una torta di 18 cm / 7

Per la torta:

100 g / 4 once / ½ tazza di burro o margarina, ammorbidito

225 g / 8 once / 1 tazza di zucchero semolato (superfino)

3 uova, separate

225 g / 8 once / 2 tazze di farina semplice (per tutti gli usi)

Un po' di sale

120 ml / 4 fl oz / ½ tazza di latte, più un po' di più

5 ml / 1 cucchiaino di cremor tartaro

2,5 ml / ½ cucchiaino di bicarbonato di sodio (bicarbonato di sodio)

Qualche goccia di essenza di limone (estratto)

Qualche goccia di colorante alimentare rosso

10 ml / 2 cucchiaini di cacao (cioccolato non zuccherato) in polvere

Per il ripieno e la copertura (glassa):

225 g / 8 once / 11/3 tazze di zucchero a velo (da pasticcere), setacciato

50 g / 2 once / ¼ tazza di burro o margarina, ammorbidito

10 ml / 2 cucchiaini di acqua calda

5 ml / 1 cucchiaino di latte

2,5 ml / ½ cucchiaino di essenza di vaniglia (estratto)

Fili di zucchero colorati per decorare

Per preparare la torta, sbattere il burro o la margarina e lo zucchero fino a renderli chiari e spumosi. Aggiungere poco alla volta i tuorli, unire la farina e il sale alternandoli al latte. Mescolare il cremor tartaro e il bicarbonato di sodio con un po' di latte in più e aggiungere al composto. Montare a neve ferma gli albumi e incorporarli al composto con un cucchiaio di metallo. Dividete il composto in tre parti uguali. Mescolare l'essenza di limone nella prima ciotola, il colorante alimentare rosso nella seconda ciotola e il cacao nella terza ciotola. Versare il composto in tortiere da 18 cm / 7 cm imburrate e foderate e cuocere in forno preriscaldato a 180 °C / 350 °F / gas mark 4 per 25 minuti fino a doratura ed elasticità al tatto. Lasciare raffreddare negli stampini per 5 minuti e poi infornare per completare il raffreddamento.

Per preparare la glassa, mettete lo zucchero a velo in una ciotola e fate un buco al centro. Aggiungere gradualmente il burro o la margarina, l'acqua, il latte e l'essenza di vaniglia fino ad ottenere un composto spalmabile. Rivestire le torte con un terzo del composto e distribuire il resto sulla parte superiore e sui lati della torta, irruvidendo la superficie con una forchetta. Cospargere la superficie con fili di zucchero colorato.

Gateau St-Honoré

Fa una torta di 25 cm / 10

Per la pasta choux (pasta):

50 g di burro non salato (dolce) o margarina

150 ml / ¼ pt / 2/3 tazza di latte

Un po' di sale

50 g / 2 once / ½ tazza di farina semplice (per tutti gli usi)

2 uova, leggermente sbattute

Pasta sfoglia 225 g / 8 oz

1 tuorlo d'uovo

Per il caramello:

225 g / 6 once / ¾ tazza di zucchero semolato (superfino)

90 ml / 6 cucchiai di acqua

Per farcire e decorare:

5 ml / 1 cucchiaino di gelatina in polvere

15 ml / 1 cucchiaio di acqua

1 quantità di glassa alla crema alla vaniglia

3 albumi d'uovo

175 g / 6 once / ¾ tazza di zucchero semolato (superfino)

90 ml / 6 cucchiai di acqua

Per fare la pasta choux (pasta), sciogliere il burro con il latte e il sale a fuoco basso. Portare a ebollizione veloce, togliere dal fuoco e aggiungere velocemente la farina e mescolare fino a quando l'impasto non si stacca dalle pareti della padella. Lasciare raffreddare leggermente e aggiungere gradualmente le uova e continuare a sbattere fino a che liscio e lucido.

Stendere la pasta sfoglia in un cerchio di 26 cm / 10½, adagiarla su una teglia imburrata e bucherellarla con una forchetta. Trasferire la pasta choux in una tasca da pasticcere dotata di una punta standard da 1/2 cm e tracciare un cerchio attorno al bordo della pasta sfoglia. Fai un secondo cerchio a metà verso il centro. Su una teglia unta a parte, condisci la restante pasta choux in palline. Spennellate tutto l'impasto con il tuorlo d'uovo e cuocete in forno preriscaldato a 220°C/425°F/gas 7 per 12 minuti per i bignè e 20 minuti per la base fino a quando saranno dorati e gonfi.

Per fare il caramello sciogliere lo zucchero nell'acqua e far bollire senza mescolare per circa 8 minuti a 160°C / 320°F fino ad ottenere un caramello chiaro. Spennellare l'anello esterno con il caramello, poco alla volta. Immergi la metà superiore delle palline nel caramello e premile contro l'anello di pasta esterno.

Per fare il ripieno, cospargere la gelatina sull'acqua in una ciotola e lasciare che formi una spugna. Metti la ciotola in una pentola di acqua calda e lasciala sciogliere. Fate raffreddare un po' e aggiungete la crema alla vaniglia. Montare gli albumi a neve. Nel frattempo, far bollire lo zucchero e l'acqua a 120°C / 250°F o fino a quando una goccia nell'acqua fredda forma una palla dura. A poco a poco sbattere gli albumi, quindi continuare a sbattere fino a quando non si raffreddano. Aggiungi la panna. Spalmate la crema al centro della torta e mettete in frigo prima di servire.

Choux Gâteau alle fragole

Fa una torta di 23 cm / 9

50 g / 2 once / ¼ di tazza di burro o margarina

150 ml / ¼ pt / 2/3 tazza di acqua

75 g / 3 once / 1/3 di tazza di farina semplice (per tutti gli usi)

Un po' di sale

2 uova, leggermente sbattute

50 g / 2 once / 1/3 di tazza di zucchero a velo, setacciato

300 ml / ½ pt / 1¼ tazze di panna doppia (pesante), montata

Fragole 225 g / 8 oz, dimezzate

25 g / 1 oz / ¼ di tazza di mandorle a scaglie (a scaglie)

Mettere il burro o la margarina e l'acqua in una casseruola e portare lentamente a ebollizione. Togliere dal fuoco e aggiungere velocemente la farina e il sale. Sbattere gradualmente le uova fino a quando l'impasto è lucido e si stacca dai lati della padella. Disporre a cerchio su una teglia unta (biscotto) cucchiaiate di composto a formare una torta circolare e cuocere in forno preriscaldato a 220 °C / 425 °F / gas mark 7 per 30 minuti fino a doratura. Lasciate raffreddare. Tagliare la torta a metà orizzontalmente. Sbattere lo zucchero a velo nella panna. Unire le metà con la panna, le fragole e le mandorle.

Gâteau Di Frutta Alla Fragola

Fa una torta di 20 cm / 8

1 mela da cuocere (torta), sbucciata, priva di torsolo e tagliata a dadini

25 g / 1 oz / 3 cucchiai di fichi secchi, tritati

25 g / 1 oz / 3 cucchiai di uvetta

75 g / 3 once / 1/3 di tazza di burro o margarina

2 uova

175 g / 6 once / 1½ tazza di farina (per tutti gli usi)

5 ml / 1 cucchiaino di lievito in polvere

30 ml / 2 cucchiai di latte

225 g / 8 once di fragole, a fette

225 g / 8 once / 1 tazza di formaggio fresco

Sbattere le mele, i fichi, l'uvetta e il burro o la margarina fino a renderli chiari e spumosi. Unite le uova e aggiungete la farina, il lievito e il latte quanto basta per formare un impasto morbido. Versare in uno stampo imburrato da 20 cm / 8 a fondo mobile (teglia) e cuocere in forno preriscaldato a 180 °C / 350 °F / gas mark 4 per 30 minuti fino a quando non è sodo al tatto. Sformare e lasciare raffreddare. Tagliare la torta a metà orizzontalmente. Panino con fragole e formaggio fresco.

Torta spagnola di Malaga

Fa una torta di 23 cm / 9

8 uova

700 g / 1½ lb / 3 tazze di zucchero semolato

350 g / 12 oz / 3 tazze di farina semplice (per tutti gli usi)

300 ml / ½ pt / 1¼ tazze d'acqua

350 g / 12 once / 1½ tazza di zucchero di canna morbido

400 ml / 14 fl oz / 1¾ tazze Malaga o vino liquoroso

Polvere di cannella

Sbattere le uova e metà dello zucchero semolato in una ciotola resistente al calore posta sopra una pentola di acqua bollente fino a formare uno sciroppo denso. Aggiungere gradualmente la farina, mescolando continuamente. Versare in uno stampo quadrato da 23 cm / 9 cm (teglia) imburrato e infarinato e cuocere in forno preriscaldato a 190 °C / 375 °F / gas mark 5 per 45 minuti fino a quando non sarà elastico al tatto. Raffreddare nello stampo per 5 minuti prima di posizionarlo su una gratella per completare il raffreddamento.

Nel frattempo, scaldare l'acqua in una casseruola e aggiungere lo zucchero semolato rimanente e lo zucchero di canna. Cuocere a fuoco medio per circa 25 minuti fino ad ottenere uno sciroppo denso e trasparente. Togliere dal fuoco e lasciare raffreddare. Mescolare bene in Malaga o vino. Versare lo sciroppo sulla torta e servire cosparsa di cannella.

glassa di glassa

Fa abbastanza per coprire una torta di 20 cm / 8 cm

100 g / 4 once / 2/3 tazza di zucchero a velo (da pasticcere), setacciato

25–30 ml / 1½ – 2 cucchiai di acqua

Qualche goccia di colorante alimentare (facoltativo)

Mettete lo zucchero in una ciotola e mescolatelo poco alla volta nell'acqua, fino ad ottenere una copertura omogenea. Colora con qualche goccia di colorante alimentare, se lo desideri. La glassa risulterà opaca se spalmata su torte fredde o trasparente se spalmata su torte calde.

Caffè Glacé Glacé

Fa abbastanza per coprire una torta di 20 cm / 8 cm

100 g / 4 once / 2/3 tazza di zucchero a velo (da pasticcere), setacciato

25–30 ml / 1½ – 2 cucchiai di caffè nero molto forte

Mettete lo zucchero in una ciotola e mescolatelo poco alla volta con il caffè, fino ad ottenere una copertura omogenea.

Glassa Glacè al Limone

Fa abbastanza per coprire una torta di 20 cm / 8 cm

100 g / 4 once / 2/3 tazza di zucchero a velo (da pasticcere), setacciato

25–30 ml / 1½ – 2 cucchiai di succo di limone

Scorza finemente grattugiata di 1 limone

Mettete lo zucchero in una ciotola e mescolate il succo di limone e sbucciatelo poco alla volta, fino ad ottenere una crosticina omogenea.

Glassa All'arancia

Fa abbastanza per coprire una torta di 20 cm / 8 cm

100 g / 4 once / 2/3 tazza di zucchero a velo (da pasticcere), setacciato

25–30 ml / 1½ – 2 cucchiai di succo d'arancia

Scorza finemente grattugiata di 1 arancia

Mettete lo zucchero in una ciotola e mescolate il succo dell'arancia e sbucciatela poco alla volta, fino ad ottenere una copertura omogenea.

Rum Glacé Glacé

Fa abbastanza per coprire una torta di 20 cm / 8 cm

100 g / 4 once / 2/3 tazza di zucchero a velo (da pasticcere), setacciato

25–30 ml / 1½ – 2 cucchiai di rum

Mettete lo zucchero in una ciotola e mescolatelo poco alla volta al rum, fino ad ottenere una copertura omogenea.

Glacé alla vaniglia Glacé

Fa abbastanza per coprire una torta di 20 cm / 8 cm

100 g / 4 once / 2/3 tazza di zucchero a velo (da pasticcere), setacciato

25 ml / 1½ cucchiaio di acqua

Qualche goccia di essenza di vaniglia (estratto)

Mettete lo zucchero in una ciotola e mescolate poco alla volta l'acqua e l'essenza di vaniglia, fino ad ottenere una copertura omogenea.

Glassa Di Cioccolato Bollito

Può ricoprire una torta di 23 cm / 9

275 g / 10 once / 1¼ tazze di zucchero semolato (superfino)

100 g / 4 oz / 1 tazza di cioccolato fondente (semidolce)

50 g / 2 once / ¼ di tazza di cacao (cioccolato non zuccherato) in polvere

120 ml / 4 fl oz / ½ tazza di acqua

Portare a ebollizione tutti gli ingredienti, mescolando fino a quando non saranno ben amalgamati. Bollire a fuoco medio a 108°C / 220°F o quando si forma una lunga corda tirata tra due cucchiaini. Versare in una ciotola capiente e frullare fino a ottenere un composto denso e lucido.

copertura al cioccolato e cocco

Può ricoprire una torta di 23 cm / 9

175g / 6oz / 1½ tazza di cioccolato fondente (semidolce)

90 ml / 6 cucchiai di acqua bollente

225 g / 8 once / 2 tazze di cocco essiccato (grattugiato)

Frullare il cioccolato e l'acqua in un frullatore o robot da cucina, quindi aggiungere il cocco e frullare fino a che liscio. Cospargete sopra le torte semplici, ancora calde.

topping al fondente

Può ricoprire una torta di 23 cm / 9

50 g / 2 once / ¼ di tazza di burro o margarina

45 ml / 3 cucchiai di cacao (cioccolato senza zucchero) in polvere

60 ml / 4 cucchiai di latte

425 g / 15 oz / 2½ tazze di zucchero a velo (da pasticcere), setacciato

5 ml / 1 cucchiaino di essenza di vaniglia (estratto)

Sciogliere il burro o la margarina in un pentolino e aggiungere il cacao e il latte. Portare a ebollizione, mescolando continuamente, e togliere dal fuoco. Aggiungere gradualmente lo zucchero e l'essenza di vaniglia e sbattere fino a che liscio.

Dolce copertura Requeijão

Può ricoprire una torta di 30 cm / 12

100 g / 4 once / ½ tazza di formaggio cremoso

25 g / 1 oz / 2 cucchiai di burro o margarina, ammorbidito

350 g / 12 oz / 2 tazze di zucchero a velo (da pasticcere), setacciato

5 ml / 1 cucchiaino di essenza di vaniglia (estratto)

30 ml / 2 cucchiai di miele chiaro (facoltativo)

Sbattere il formaggio cremoso e il burro o la margarina fino a ottenere un composto chiaro e spumoso. Aggiungere gradualmente lo zucchero e l'essenza di vaniglia fino a che liscio. Dolcificare con un po' di miele, se lo si desidera.

Glassa di velluto americano

Può ricoprire due torte da 23 cm / 9

175g / 6oz / 1½ tazza di cioccolato fondente (semidolce)

120 ml / 4 fl oz / ½ tazza di panna acida (latte acido)

5 ml / 1 cucchiaino di essenza di vaniglia (estratto)

Un po' di sale

400 g / 14 once / 21/3 tazze di zucchero a velo (da pasticcere), setacciato

Sciogliere il cioccolato in una ciotola resistente al calore sopra una pentola di acqua bollente. Togliere dal fuoco e aggiungere la panna, l'essenza di vaniglia e il sale. Aggiungere gradualmente lo zucchero fino a che liscio.

glassa al burro

Può ricoprire una torta di 23 cm / 9

50 g / 2 once / ¼ tazza di burro o margarina, ammorbidito

250 g / 9 oz / 1½ tazza di zucchero a velo (da pasticcere), setacciato

5 ml / 1 cucchiaino di essenza di vaniglia (estratto)

30 ml / 2 cucchiai di panna liquida (leggera)

Sbattere il burro o la margarina fino a renderli spumosi e aggiungere gradualmente lo zucchero, l'estratto di vaniglia e la panna fino a ottenere un composto liscio e cremoso.

glassa al caramello

Fa abbastanza per riempire e coprire una torta di 23 cm / 9 cm

100 g / 4 once / ½ tazza di burro o margarina

225 g / 8 once / 1 tazza di zucchero di canna morbido

60 ml / 4 cucchiai di latte

350 g / 12 oz / 2 tazze di zucchero a velo (da pasticcere), setacciato

Sciogli il burro o la margarina e lo zucchero a fuoco basso, mescolando continuamente fino a che liscio. Aggiungere il latte e portare a bollore. Togliere dal fuoco e lasciare raffreddare. Aggiungere lo zucchero a velo fino ad ottenere una consistenza generosa.

glassa al limone

Può ricoprire una torta di 23 cm / 9

25 g / 1 oz / 2 cucchiai di burro o margarina

5 ml / 1 cucchiaino di scorza di limone grattugiata

30 ml / 2 cucchiai di succo di limone

250 g / 9 oz / 1½ tazza di zucchero a velo (da pasticcere), setacciato

Sbattere il burro o la margarina e la scorza di limone fino a ottenere un composto leggero e spumoso. Aggiungere gradualmente il succo di limone e lo zucchero fino a che liscio.

Glassa al burro al caffè

Fa abbastanza per riempire e coprire una torta di 23 cm / 9 cm

1 albume d'uovo

75 g / 3 once / 1/3 tazza di burro o margarina, ammorbidito

30 ml / 2 cucchiai di latte caldo

5 ml / 1 cucchiaino di essenza di vaniglia (estratto)

15 ml / 1 cucchiaio di granuli di caffè istantaneo

Un po' di sale

350 g / 12 oz / 2 tazze di zucchero a velo (da pasticcere), setacciato

Montare gli albumi, il burro o la margarina, il latte caldo, l'essenza di vaniglia, il caffè e il sale. Mescolare gradualmente lo zucchero a velo fino a che liscio.

Glassa di Lady Baltimora

Fa abbastanza per riempire e coprire una torta di 23 cm / 9 cm

50 g / 2 once / 1/3 di tazza di uvetta, tritata

50 g di ciliegie glassate (candite), tritate

50 g / 2 once / ½ tazza di noci pecan, tritate

25 g / 1 oz / 3 cucchiai di fichi secchi, tritati

2 albumi d'uovo

350 g / 12 oz / 1½ tazza di zucchero semolato (superfino)

Un pizzico di cremor tartaro

75 ml / 5 cucchiai di acqua fredda

Un po' di sale

5 ml / 1 cucchiaino di essenza di vaniglia (estratto)

Mescolare l'uvetta, le ciliegie, le noci e i fichi. Montare gli albumi, lo zucchero, il cremor tartaro, l'acqua e il sale in una ciotola resistente al calore posta sopra una pentola di acqua bollente per circa 5 minuti fino a quando non si formano dei picchi rigidi. Togliere dal fuoco e aggiungere l'essenza di vaniglia. Mescolare i frutti di bosco in un terzo della glassa e utilizzare per riempire la torta, quindi distribuire il resto sulla parte superiore e sui lati della torta.

gelo bianco

Può ricoprire una torta di 23 cm / 9

225 g / 8 once / 1 tazza di zucchero semolato

1 albume d'uovo

30 ml / 2 cucchiai d'acqua

15 ml / 1 cucchiaio di sciroppo d'oro (mais chiaro)

Sbattere lo zucchero, gli albumi e l'acqua in una ciotola resistente al calore posta sopra una pentola di acqua bollente. Continua a battere per un massimo di 10 minuti fino a quando la miscela si addensa e forma picchi rigidi. Togliere dal fuoco e aggiungere lo sciroppo. Continua a colpire finché non ottieni una consistenza generalizzata.

Copertura bianco crema

Fa abbastanza per riempire e coprire una torta di 23 cm / 9 cm

75 ml / 5 cucchiai di panna singola (leggera)

5 ml / 1 cucchiaino di essenza di vaniglia (estratto)

75 g / 3 once / 1/3 di tazza di formaggio cremoso

10 ml / 2 cucchiaini di burro o margarina, ammorbidito

Un po' di sale

350 g / 12 oz / 2 tazze di zucchero a velo (da pasticcere), setacciato

Mescolare la panna, l'essenza di vaniglia, il formaggio cremoso, il burro o la margarina e il sale fino a ottenere un composto omogeneo. Aggiungere gradualmente lo zucchero a velo fino a che liscio.

soffice gelo bianco

Fa abbastanza per riempire e coprire una torta di 23 cm / 9 cm

2 albumi d'uovo

350 g / 12 oz / 1½ tazza di zucchero semolato (superfino)

Un pizzico di cremor tartaro

75 ml / 5 cucchiai di acqua fredda

Un po' di sale

5 ml / 1 cucchiaino di essenza di vaniglia (estratto)

Sbattere gli albumi, lo zucchero, il cremor tartaro, l'acqua e il sale in una ciotola resistente al calore posta sopra una pentola di acqua bollente per circa 5 minuti fino a formare picchi rigidi. Togliere dal fuoco e aggiungere l'essenza di vaniglia. Utilizzare per fare un panino con la torta, quindi distribuire il resto sulla parte superiore e sui lati della torta.

copertura di zucchero di canna

Può ricoprire una torta di 23 cm / 9

225 g / 8 once / 1 tazza di zucchero di canna morbido

1 albume d'uovo

30 ml / 2 cucchiai d'acqua

5 ml / 1 cucchiaino di essenza di vaniglia (estratto)

Sbattere lo zucchero, gli albumi e l'acqua in una ciotola resistente al calore posta sopra una pentola di acqua bollente. Continua a battere per un massimo di 10 minuti fino a quando la miscela si addensa e forma picchi rigidi. Togliere dal fuoco e aggiungere l'essenza di vaniglia. Continua a colpire finché non ottieni una consistenza generalizzata.

Topping alla crema alla vaniglia

Fa abbastanza per riempire e coprire una torta di 23 cm / 9 cm

1 albume d'uovo

75 g / 3 once / 1/3 tazza di burro o margarina, ammorbidito

30 ml / 2 cucchiai di latte caldo

5 ml / 1 cucchiaino di essenza di vaniglia (estratto)

Un po' di sale

350 g / 12 oz / 2 tazze di zucchero a velo (da pasticcere), setacciato

Montare gli albumi, il burro o la margarina, il latte caldo, l'essenza di vaniglia e il sale. Mescolare gradualmente lo zucchero a velo fino a che liscio.

crema alla vaniglia

Resa 600 ml / 1 pt / 2½ tazze

100 g / 4 once / ½ tazza di zucchero semolato (superfino)

50 g / 2 once / ¼ di tazza di farina di mais (amido di mais)

4 tuorli d'uovo

600 ml / 1 pt / 2½ tazze di latte

1 baccello di vaniglia (fagiolo)

Zucchero a velo, setacciato, per spolverare

Sbattere metà dello zucchero con la farina di mais e i tuorli d'uovo fino a che liscio. Portare a ebollizione lo zucchero rimasto e il latte con il baccello di vaniglia. Sbattere la miscela di zucchero nel latte caldo, riportare a ebollizione, mescolando continuamente, e cuocere per 3 minuti fino a quando non si addensa. Versare in una ciotola, spolverare con lo zucchero a velo per evitare la formazione della pellicina e lasciare raffreddare. Sbattere di nuovo prima dell'uso.

ripieno di crema

Può riempire una torta da 23 cm / 9

325 ml / 11 fl oz / 11/3 tazze di latte

45 ml / 3 cucchiai di farina di mais (amido di mais)

60 g / 2½ oz / 1/3 di tazza di zucchero semolato (superfino)

1 uovo

15 ml / 1 cucchiaio di burro o margarina

5 ml / 1 cucchiaino di essenza di vaniglia (estratto)

Mescolare 30 ml/2 cucchiai di latte con la maizena, lo zucchero e l'uovo. Portare a ebollizione il resto del latte in un pentolino. Mescolare gradualmente il latte caldo nel composto di uova. Risciacquare la padella, rimettere il composto nella padella e cuocere a fuoco basso fino a quando non si addensa. Aggiungere il burro o la margarina e l'essenza di vaniglia. Coprire con carta pergamena unta (cerata) e lasciare raffreddare.

Ripieno di crema danese

Resa 750 ml / 1¼ punti / 3 tazze

2 uova

50 g / 2 once / ¼ di tazza di zucchero semolato (superfino)

50 g / 2 once / ½ tazza di farina semplice (per tutti gli usi)

600 ml / 1 pt / 2½ tazze di latte

¼ baccello di vaniglia (fagiolo)

Sbattere le uova con lo zucchero fino a ottenere un composto denso. Lavorare gradualmente nella farina. Portare a ebollizione il latte e il baccello di vaniglia. Rimuovere il baccello di vaniglia e mescolare il latte nel composto di uova. Ritorna nella padella e cuoci a fuoco basso per 2-3 minuti, mescolando continuamente. Lasciare raffreddare prima dell'uso.

Ricco ripieno di crema danese

Resa 750 ml / 1¼ punti / 3 tazze

4 tuorli d'uovo

30 ml / 2 cucchiai di zucchero semolato

25 ml / 1½ cucchiaio di farina (per tutti gli usi)

10 ml / 2 cucchiaini di farina di patate

450 ml / ¾ pt / 2 tazze di panna (leggera)

Qualche goccia di essenza di vaniglia (estratto)

150 ml di panna doppia (pesante), montata

In una padella sbattete i tuorli, lo zucchero, la farina e la panna. Sbattere a fuoco medio fino a quando il composto inizia ad addensarsi. Aggiungere l'essenza di vaniglia e lasciar raffreddare. Aggiungere la panna montata.

Crema pasticcera

Rese 300 ml / ½ pt / 1¼ tazze

2 uova separate

45 ml / 3 cucchiai di farina di mais (amido di mais)

300 ml / ½ pt / 1¼ tazze di latte

Qualche goccia di essenza di vaniglia (estratto)

50 g / 2 once / ¼ di tazza di zucchero semolato (superfino)

Sbattere i tuorli, la farina di mais e il latte insieme in una piccola casseruola fino a che liscio. Portare a ebollizione a fuoco medio e cuocere per 2 minuti, mescolando continuamente. Aggiungere l'essenza di vaniglia e lasciar raffreddare.

Montare gli albumi a neve ferma, quindi aggiungere metà dello zucchero e sbattere ancora fino a quando non si formano delle cime rigide. Aggiungere lo zucchero rimanente. Sbattere nella miscela di panna e conservare in frigorifero fino al momento dell'uso.

Farcitura con crema allo zenzero

Può riempire una torta da 23 cm / 9

100 g / 4 once / ½ tazza di burro o margarina, ammorbidito

450 g / 1 lb / 22/3 tazze di zucchero a velo, setacciato

5 ml / 1 cucchiaino di zenzero in polvere

30 ml / 2 cucchiai di latte

75 g / 3 once / ¼ di tazza di melassa nera (melassa)

Sbattere il burro o la margarina con lo zucchero e lo zenzero fino ad ottenere una crema chiara. Sbattere gradualmente nel latte e nella melassa fino a che liscio e spalmabile. Se il ripieno è troppo sottile, aggiungi un po 'più di zucchero.

Ripieno al limone

Produce 250 ml / 8 fl oz / 1 tazza

100 g / 4 once / ½ tazza di zucchero semolato (superfino)

30 ml / 2 cucchiai di farina di mais (amido di mais)

60 ml / 4 cucchiai di succo di limone

15 ml / 1 cucchiaio di scorza di limone grattugiata

120 ml / 4 fl oz / ½ tazza di acqua

Un po' di sale

15 ml / 1 cucchiaio di burro o margarina

Unire tutti gli ingredienti tranne il burro o la margarina in una piccola casseruola a fuoco basso, mescolando delicatamente fino a ottenere un composto omogeneo. Portare a ebollizione e far bollire per 1 minuto. Aggiungere il burro o la margarina e lasciar raffreddare. Refrigerare prima dell'uso.

glassa al cioccolato

Può ricoprire una torta di 25 cm / 10

50 g / 2 oz / ½ tazza di cioccolato fondente (semidolce), tritato

50 g / 2 once / ¼ di tazza di burro o margarina

2,5 ml / ½ cucchiaino di essenza di vaniglia (estratto)

75 ml / 5 cucchiai di acqua bollente

350 g / 12 oz / 2 tazze di zucchero a velo (da pasticcere), setacciato

Frullare tutti gli ingredienti in un frullatore o in un robot da cucina fino a che liscio, spingendo gli ingredienti verso il basso se necessario. Usalo subito.

Glassa alla torta di frutta

Può ricoprire una torta di 25 cm / 10

75 ml / 5 cucchiai di sciroppo d'oro (mais chiaro)

60 ml / 4 cucchiai di ananas o succo d'arancia

Unire lo sciroppo e il succo in una piccola casseruola e portare a ebollizione. Togliere dal fuoco e spennellare il composto sulla parte superiore e sui lati di una torta raffreddata. Consenti set. Portare nuovamente a ebollizione la glassa e spennellare un secondo strato sulla torta.

Glassa per torta di frutta all'arancia

Può ricoprire una torta di 25 cm / 10

50 g / 2 once / ¼ di tazza di zucchero semolato (superfino)

30 ml / 2 cucchiai di succo d'arancia

10 ml / 2 cucchiaini di buccia d'arancia grattugiata

Unire gli ingredienti in una piccola casseruola e portare a ebollizione, mescolando continuamente. Togliere dal fuoco e spennellare il composto sulla parte superiore e sui lati di una torta raffreddata. Consenti set. Portare nuovamente a ebollizione la glassa e spennellare un secondo strato sulla torta.

Quadrati di meringa alle mandorle

12 anni fa

Pasta Frolla 225 g / 8 oz

60 ml / 4 cucchiai di marmellata di lamponi (conserve)

2 albumi d'uovo

50 g / 2 oz / ½ tazza di mandorle tritate

100 g / 4 once / ½ tazza di zucchero semolato (superfino)

Qualche goccia di essenza di mandorla (estratto)

25 g / 1 oz / ¼ di tazza di mandorle a scaglie (a scaglie)

Stendere l'impasto (pasta) e rivestire uno stampo per rotolo svizzero unto di 30 x 20 cm / 12 x 8 (forma di rotolo di gelatina). Spalmare con la marmellata. Montare a neve ferma gli albumi, quindi aggiungere delicatamente le mandorle tritate, lo zucchero e l'essenza di mandorle. Spalmate sopra la marmellata e cospargete con le scaglie di mandorle. Cuocere in forno preriscaldato a 180°C/350°F/gas mark 4 per 45 minuti fino a doratura e croccante. Fatela raffreddare e tagliatela a quadretti.

gocce d'angelo

24 anni fa

50 g / 2 once / ¼ tazza di burro o margarina, ammorbidito

50 g / 2 oz / ¼ di tazza di strutto (accorciamento)

100 g / 4 once / ½ tazza di zucchero semolato (superfino)

1 piccolo uovo sbattuto

Qualche goccia di essenza di vaniglia (estratto)

175g / 6oz / 1½ tazza di farina autolievitante

45 ml / 3 cucchiai di fiocchi d'avena

50 g / 2 oz / ¼ di tazza di ciliegie glassate (candite), dimezzate

Sbattere il burro o la margarina, lo strutto e lo zucchero fino a ottenere un composto chiaro e spumoso. Aggiungere l'uovo e l'essenza di vaniglia, aggiungere la farina e impastare fino ad ottenere un impasto sodo. Rompere in piccole palline e rotolare nella farina d'avena. Mettere ben separati su una teglia unta e sopra ciascuno con una ciliegia. Cuocere in forno preriscaldato a 180°C/350°F/gas mark 4 per 20 minuti fino a quando non si solidifica. Fate raffreddare sulla teglia.

mandorle a lamelle

12 anni fa

100 g / 4 once / ½ tazza di burro o margarina

225 g / 8 once / 2 tazze di farina semplice (per tutti gli usi)

5 ml / 1 cucchiaino di lievito in polvere

50 g / 2 once / ¼ di tazza di zucchero semolato (superfino)

1 uovo, separato

75 ml / 5 cucchiai di marmellata di lamponi (conserve)

100 g / 4 once / 2/3 tazza di zucchero a velo (da pasticcere), setacciato

100 g / 4 oz / 1 tazza di mandorle a scaglie (a scaglie)

Strofina il burro o la margarina nella farina e nel lievito finché il composto non assomiglia al pangrattato. Aggiungere lo zucchero, unire il tuorlo e impastare fino ad ottenere un impasto sodo. Stendere su una superficie leggermente infarinata per accogliere una teglia unta da 30 x 20 cm / 12 x 8 Swiss roll (teglia per gelatina). Premere delicatamente nella padella e sollevare leggermente i bordi dell'impasto per formare un labbro. Spalmare con la marmellata. Montate a neve ferma l'albume, poi aggiungete poco alla volta lo zucchero a velo. Distribuire sopra la marmellata e cospargere con le mandorle. Cuocere in forno preriscaldato a 160°C/325°F/gas mark 3 per 1 ora fino a doratura e solidificazione. Raffreddare nello stampo per 5 minuti, tagliare a bastoncini e metterli su una gratella per completare il raffreddamento.

Tortine Bakewell

24 anni fa

Per la pasta frolla:

25 g / 1 oz / 2 cucchiai di strutto (accorciamento)

25 g / 1 oz / 2 cucchiai di burro o margarina

100 g / 4 once / 1 tazza di farina semplice (per tutti gli usi)

Un po' di sale

30 ml / 2 cucchiai d'acqua

45 ml / 3 cucchiai di marmellata di lamponi (conserve)

Per il ripieno:

50 g / 2 once / ¼ tazza di burro o margarina, ammorbidito

50 g / 2 once / ¼ di tazza di zucchero semolato (superfino)

1 uovo, leggermente sbattuto

25 g / 1 oz / ¼ di tazza di farina autolievitante (autolievitante)

25 g / 1 oz / ¼ di tazza di mandorle tritate

Qualche goccia di essenza di mandorla (estratto)

Per fare l'impasto (pasta), strofinare lo strutto e il burro o la margarina nella farina e nel sale fino a quando il composto non assomiglia al pangrattato. Mescolare in acqua a sufficienza per fare un impasto morbido. Stendere su una superficie leggermente infarinata, tagliare dei cerchi di 7,5 cm/3 e utilizzare per rivestire le sezioni di due teglie unte (padelle per hamburger). Farcite con la marmellata.

Per fare il ripieno, sbattere il burro o la margarina con lo zucchero e aggiungere gradualmente l'uovo. Aggiungere la farina, le mandorle tritate e l'essenza di mandorle. Versare il composto nelle crostate, sigillando i bordi della pasta in modo che la marmellata sia completamente ricoperta. Cuocere in forno preriscaldato a 180°C/350°F/gas mark 4 per 20 minuti fino a doratura.

Torte Al Cioccolato Della Farfalla

Fa circa 12 torte

Per le torte:

100 g / 4 once / ½ tazza di burro o margarina, ammorbidito

100 g / 4 once / ½ tazza di zucchero semolato (superfino)

2 uova, leggermente sbattute

100 g / 4 once / 1 tazza di farina autolievitante (autolievitante)

30 ml / 2 cucchiai di cacao (cioccolato senza zucchero) in polvere

Un po' di sale

30 ml / 2 cucchiai di latte freddo

Per la glassa (glassa):

50 g / 2 once / ¼ tazza di burro o margarina, ammorbidito

100 g / 4 once / 2/3 tazza di zucchero a velo (da pasticcere), setacciato

10 ml / 2 cucchiaini di latte caldo

Per preparare le torte, sbattere il burro o la margarina e lo zucchero fino a renderle chiare e spumose. Impastate poco alla volta le uova, alternandole con la farina, il cacao e il sale, poi aggiungete il latte fino ad ottenere un composto omogeneo. Versare in torte di carta (carta per cupcake) o stampi per pane unti (padelle per hamburger) e cuocere in forno preriscaldato a 190° / 375° F / gas mark 5 per 15-20 minuti fino a quando non è ben lievitato ed elastico al tatto. Lasciate raffreddare. Taglia le estremità delle torte orizzontalmente, quindi taglia le estremità a metà verticalmente per creare le "ali" della farfalla.

Per preparare la glassa, sbattere il burro o la margarina fino a renderli spumosi, quindi sbattere lo zucchero a velo a metà. Aggiungere il latte e poi lo zucchero rimanente. Dividi la miscela di glassa tra le torte e premi le "ali" nella parte superiore delle torte ad angolo.

torte al cocco

12 anni fa

Frolla da 100 g / 4 oz

50 g / 2 once / ¼ tazza di burro o margarina, ammorbidito

50 g / 2 once / ¼ di tazza di zucchero semolato (superfino)

1 uovo sbattuto

25 g / 1 oz / 2 cucchiai di farina di riso

50 g / 2 oz / ½ tazza di cocco essiccato (grattugiato)

1,5 ml / ¼ di cucchiaino di lievito in polvere

60 ml / 4 cucchiai di pasta di cioccolato

Stendere la pasta (pasta) e foderare le sezioni di una teglia (teglia pastello). Sbattere il burro o la margarina con lo zucchero, quindi aggiungere l'uovo e la farina di riso. Aggiungere il cocco e il lievito. Mettere un cucchiaio di cioccolato spalmabile sul fondo di ogni stampo da pasticceria (torta). Distribuire sopra il composto di cocco e cuocere in forno preriscaldato a 200°C / 400°F / gas mark 6 per 15 minuti fino a quando non saranno lievitati e dorati.

Cupcake Dolci

15 anni fa

100 g / 4 once / ½ tazza di burro o margarina, ammorbidito

225 g / 8 once / 1 tazza di zucchero semolato (superfino)

2 uova

5 ml / 1 cucchiaino di essenza di vaniglia (estratto)

175g / 6oz / 1½ tazza di farina autolievitante

5 ml / 1 cucchiaino di lievito in polvere

Un po' di sale

75 ml / 5 cucchiai di latte

Sbattere il burro o la margarina e lo zucchero fino a ottenere un composto chiaro e spumoso. Aggiungere gradualmente le uova e l'essenza di vaniglia, sbattendo bene dopo ogni aggiunta. Aggiungere la farina, il lievito e il sale alternandoli al latte, sbattendo bene. Versare il composto in tortiere di carta (carte per cupcake) e cuocere in forno preriscaldato a 190°C / 375°F / gas mark 5 per 20 minuti fino a quando uno stuzzicadenti inserito al centro esce pulito.

Torte al caffè

12 anni fa

Per le torte:

100 g / 4 once / ½ tazza di burro o margarina, ammorbidito

100 g / 4 once / ½ tazza di zucchero semolato (superfino)

2 uova, leggermente sbattute

100 g / 4 once / 1 tazza di farina autolievitante (autolievitante)

10 ml / 2 cucchiaini di essenza di caffè (estratto)

Per la glassa (glassa):

50 g / 2 once / ¼ tazza di burro o margarina, ammorbidito

100 g / 4 once / 2/3 tazza di zucchero a velo (da pasticcere), setacciato

Qualche goccia di essenza di caffè (estratto)

100 g / 4 once / 1 tazza di gocce di cioccolato

Per preparare le torte, sbattere il burro o la margarina e lo zucchero fino a renderle chiare e spumose. A poco a poco sbattete le uova e poi aggiungete la farina e l'essenza di caffè. Versare il composto in pirottini di carta (carta per cupcake) in una teglia da plumcake (teglia) e cuocere in forno preriscaldato a 180°C / 350°F / gas mark 4 per 20 minuti fino a quando non lievita bene e diventa elastico al tatto. Lasciate raffreddare.

Per preparare la glassa, sbattere il burro o la margarina fino a renderli spumosi, quindi aggiungere lo zucchero a velo e l'essenza di caffè. Distribuire sulle torte e decorare con le gocce di cioccolato.

torte ecclesiastiche

16 anni fa

50 g / 2 once / ¼ di tazza di burro o margarina

50 g / 2 once / ¼ di tazza di zucchero di canna morbido

225 g / 8 once / 11/3 tazze di ribes nero

Pasta sfoglia o pasta sfoglia 450 g / 1 lb

un po' di latte

45 ml / 3 cucchiai di zucchero semolato (superfino)

Sciogliere il burro o la margarina e lo zucchero di canna a fuoco basso, mescolando bene. Togliere dal fuoco e aggiungere i ribes. Lascia raffreddare un po'. Stendere la pasta (pasta) su una superficie infarinata e tagliare in 16 cerchi. Dividi il composto di ripieno tra i cerchi, quindi piega i bordi verso il centro, spennellando con acqua per sigillare i bordi. Capovolgi le torte e arrotolale leggermente con un mattarello per appiattirle leggermente. Tagliare tre fessure nella parte superiore di ciascuna, spennellare con il latte e cospargere di zucchero. Mettere su una teglia unta e cuocere in forno preriscaldato a 200°C / 400°F / gas mark 6 per 20 minuti fino a doratura.

torte delle fate

Resa circa 12

100 g / 4 once / ½ tazza di burro o margarina, ammorbidito

100 g / 4 once / ½ tazza di zucchero semolato (superfino)

2 uova, leggermente sbattute

100 g / 4 once / 1 tazza di farina autolievitante (autolievitante)

Un po' di sale

30 ml / 2 cucchiaini di latte

Qualche goccia di essenza di vaniglia (estratto)

Sbattere con burro o margarina e zucchero fino a ottenere un composto chiaro e spumoso. Incorporare gradualmente le uova, alternandole con la farina e il sale, quindi aggiungere il latte e l'essenza di vaniglia fino ad ottenere un composto omogeneo. Versare in torte di carta (involucri per cupcake) o stampi per plumcake unti (teglie) e cuocere in forno preriscaldato a 190°C / 375°F / gas mark 5 per 15-20 minuti fino a quando non sono ben lievitati ed elastici al tatto.

Torte Fatate Con Gelato Di Piume

12 anni fa

50 g / 2 once / ¼ tazza di burro o margarina, ammorbidito

50 g / 2 once / ¼ di tazza di zucchero semolato (superfino)

1 uovo

50 g / 2 oz / ½ tazza di farina autolievitante (autolievitante)

100 g / 4 oz / 2/3 tazza di zucchero a velo (confettieri)

15 ml / 1 cucchiaio di acqua tiepida

Qualche goccia di colorante alimentare

Sbattere il burro o la margarina e lo zucchero fino a ottenere un composto chiaro e spumoso. Aggiungere gradualmente l'uovo e aggiungere la farina. Dividi il composto tra 12 tortiere di carta (cartine per cupcake) poste in teglie (padelle per hamburger). Cuocere in forno preriscaldato a 160°C/325°F/gas mark 3 per 15-20 minuti fino a quando non è lievitato e gonfio al tatto. Lasciate raffreddare.

Mescolare lo zucchero a velo e l'acqua tiepida. Dipingi un terzo della glassa (glassa) con colorante alimentare a tua scelta. Distribuire la glassa bianca sulle torte. Esegui la glassa colorata in linee attraverso la torta, quindi disegna una punta di coltello ad angolo retto rispetto alle linee, prima in una direzione, poi nell'altra direzione, per creare un motivo ondulato. Lasciar riposare.

fantasia genovese

12 anni fa

3 uova, leggermente sbattute

75 g / 3 once / 1/3 di tazza di zucchero semolato (superfino)

75 g / 3 oz / ¾ tazza di farina autolievitante (autolievitante)

Qualche goccia di essenza di vaniglia (estratto)

25 g / 1 oz / 2 cucchiai di burro o margarina, sciolti e raffreddati

60 ml / 4 cucchiai di marmellata di albicocche (conserva), setacciata (colata)

60 ml / 4 cucchiai d'acqua

225 g / 8 once / 11/3 tazze di zucchero a velo (da pasticcere), setacciato

Qualche goccia di colorante alimentare rosa e blu (facoltativo)

decorazioni per torte

Metti le uova e lo zucchero semolato in una ciotola resistente al calore sopra una pentola di acqua bollente. Sbattere fino a quando il composto esce dalla frusta a nastri. Aggiungere la farina e l'essenza di vaniglia e aggiungere il burro o la margarina. Versare il composto in uno stampo per roll swiss da 30 x 20 cm unto (stampo per gelatina) e mettere in forno preriscaldato a 190 °C / 375 °F / gas mark 5 per 30 minuti. Fatela raffreddare e tagliatela a forme. Scaldare la composta con 30 ml/2 cucchiai d'acqua e spennellare sulle torte.

Setacciare lo zucchero a velo in una ciotola. Se vuoi fare la glassa (glassa) in diversi colori, dividi in ciotole separate e fai un buco al centro di ognuna. Aggiungere gradualmente alcune gocce di colore e quanto basta dell'acqua rimanente per formare un rivestimento molto rigido. Distribuire sulle torte e decorare a piacere.

maccheroni alle mandorle

16 anni fa

Carta di riso

100 g / 4 once / ½ tazza di zucchero semolato (superfino)

50 g / 2 oz / ½ tazza di mandorle tritate

5 ml / 1 cucchiaino di riso macinato

Qualche goccia di essenza di mandorla (estratto)

1 albume d'uovo

8 mandorle pelate, tagliate a metà

Foderare una teglia con carta di riso. Mescolare tutti gli ingredienti, tranne le mandorle sbollentate, fino a formare una pasta dura e sbattere bene. Versare cucchiaiate di composto sulla teglia e guarnire ciascuna con metà di mandorla. Cuocere in forno preriscaldato a 150°C/325°F/gas mark 3 per 25 minuti. Lasciare raffreddare sulla teglia, quindi tagliare o strappare ciascuno per liberarlo dalla teglia di carta di riso.

Macaroons al cocco

16 anni fa

2 albumi d'uovo

150 g / 5 once / 2/3 tazza di zucchero semolato (superfino)

150 g / 5 once / 1¼ tazze di cocco essiccato (grattugiato)

Carta di riso

8 ciliegie glacé (candite), tagliate a metà

Montare gli albumi a neve. Sbattere lo zucchero fino a formare picchi rigidi. Aggiungi il cocco. Mettere la carta di riso su una teglia (biscotto) e versare il composto sulla teglia. Metti una mezza ciliegia sopra ognuno. Cuocere in forno preriscaldato a 160°C/325°F/gas mark 3 per 30 minuti fino a quando non si solidifica. Lasciate raffreddare sulla carta di riso e tagliate o strappate ognuna per staccarla dal foglio di carta di riso.

pasta al limone

12 anni fa

Frolla da 100 g / 4 oz

60 ml / 4 cucchiai di marmellata di limone

2 albumi d'uovo

50 g / 2 once / ¼ di tazza di zucchero semolato (superfino)

25 g / 1 oz / ¼ di tazza di mandorle tritate

10 ml / 2 cucchiaini di riso macinato

5 ml / 1 cucchiaino di acqua di fiori d'arancio

Stendere la pasta (pasta) e foderare le sezioni di una teglia (teglia pastello). Metti un cucchiaino di marmellata in ogni stampo da pasticceria (guscio per torta). Montare gli albumi a neve. Sbattere lo zucchero fino a quando non diventa denso e lucido. Aggiungere le mandorle, il riso e l'acqua di fiori d'arancio. Stendere sulle scatole, coprendo completamente la marmellata. Cuocere in forno preriscaldato a 180°C / 350°F / gas mark 4 per 30 minuti fino a quando saranno lievitati e dorati.

Amaretti d'avena

24 anni fa

175 g / 6 once / 1 tazza e mezzo di fiocchi d'avena

175 g / 6 once / ¾ tazza di zucchero muscovado

120 ml / 4 fl oz / ½ tazza di olio

1 uovo

2,5 ml / ½ cucchiaino di sale

2,5 ml / ½ cucchiaino di essenza di mandorla (estratto)

Mescolate l'avena, lo zucchero e l'olio e lasciate riposare per 1 ora. Aggiungere l'uovo, il sale e l'essenza di mandorle. Mettere cucchiaiate di composto su una teglia unta (biscotto) e cuocere in forno preriscaldato a 160°C / 325°F / gas mark 3 per 20 minuti fino a doratura.

Madeleines

fa 9

100 g / 4 once / ½ tazza di burro o margarina, ammorbidito

100 g / 4 once / ½ tazza di zucchero semolato (superfino)

2 uova, leggermente sbattute

100 g / 4 once / 1 tazza di farina autolievitante (autolievitante)

175 g / 6 oz / ½ tazza di marmellata di fragole o lamponi (conserve)

60 ml / 4 cucchiai d'acqua

50 g / 2 oz / ½ tazza di cocco essiccato (grattugiato)

5 ciliegie glassate (candite), tagliate a metà

Sbattere il burro o la margarina fino a ottenere un composto chiaro e spumoso, quindi aggiungere lo zucchero fino a ottenere un composto chiaro e spumoso. A poco a poco sbattete le uova, poi aggiungete la farina. Versare in nove stampi dariole (budino di castello) unti e adagiarli su una teglia (biscotto). Cuocere in forno preriscaldato a 190°C / 375°F / gas mark 5 per 20 minuti fino a quando non saranno ben lievitati e dorati. Lasciare raffreddare negli stampini per 5 minuti e poi infornare per completare il raffreddamento.

Taglia i bordi di ogni torta per formare una base piatta. Setacciare (filtrare) la marmellata e portare a ebollizione con l'acqua in una piccola casseruola, mescolando fino a che liscio. Stendere la noce di cocco su un grande foglio di carta pergamena (oleata). Spingere uno spiedino nella base della prima torta, spennellare con la marmellata e rotolare nel cocco fino a ricoprirlo. Mettere su un piatto da portata. Ripeti con le torte rimanenti. Guarnire con ciliegie glassate tagliate a metà.

torte di marzapane

Resa circa 12

450 g / 1 libbra / 4 tazze di mandorle tritate

100 g / 4 once / 2/3 tazza di zucchero a velo (da pasticcere), setacciato

100 g / 4 once / ½ tazza di zucchero semolato (superfino)

30 ml / 2 cucchiai d'acqua

3 albumi d'uovo

Per la glassa (glassa):
100 g / 4 once / 2/3 tazza di zucchero a velo (da pasticcere), setacciato

1 albume d'uovo

2,5 ml / ½ cucchiaino di aceto

Mescolare tutti gli ingredienti della torta in una padella e scaldare delicatamente, mescolando, fino a quando l'impasto non assorbe tutto il liquido. Togliere dal fuoco e lasciare raffreddare. Stendere su un piano leggermente infarinato ad uno spessore di 1/2 cm e tagliare a strisce di 1/2 cm/3 cm. Tagliare in 5 cm di lunghezza, disporre su una teglia unta (biscotto) e cuocere in forno preriscaldato a 150°C / 300°F / gas mark 2 per 20 minuti fino a doratura in superficie. Lasciate raffreddare.

Per preparare la glassa, mescola gradualmente l'albume e l'aceto nello zucchero a velo fino ad ottenere una glassa liscia e densa. Innaffia le torte con la glassa.

torte di Washington

12 anni fa

225 g / 8 once / 2 tazze di farina semplice (per tutti gli usi)

100 g / 4 once / ½ tazza di zucchero semolato (superfino)

10 ml / 2 cucchiaini di lievito in polvere

2,5 ml / ½ cucchiaino di sale

1 uovo, leggermente sbattuto

250 ml / 8 fl oz / 1 tazza di latte

120 ml / 4 fl oz / ½ tazza di olio

Mescolare la farina, lo zucchero, il lievito e il sale e fare un buco al centro. Unire gli ingredienti rimanenti e mescolare con gli ingredienti secchi fino a quando non saranno ben amalgamati. Non mescolare troppo. Versare in stampini (carta) o stampi unti (teglie) e cuocere in forno preriscaldato a 200°C / 400°F / gas tacca 6 per 20 minuti fino a quando non lievitano bene e sono elastici al tatto.

muffin di mela

12 anni fa

225 g / 8 once / 2 tazze di farina semplice (per tutti gli usi)

100 g / 4 once / ½ tazza di zucchero semolato (superfino)

10 ml / 2 cucchiaini di lievito in polvere

2,5 ml / ½ cucchiaino di sale

1 uovo, leggermente sbattuto

250 ml / 8 fl oz / 1 tazza di latte

120 ml / 4 fl oz / ½ tazza di olio

2 mele da mangiare (da dessert), sbucciate, private del torsolo e tritate

Mescolare la farina, lo zucchero, il lievito e il sale e fare un buco al centro. Unire gli ingredienti rimanenti e mescolare con gli ingredienti secchi fino a quando non saranno ben amalgamati. Non mescolare troppo. Versare in stampini (carta) o stampi unti (teglie) e cuocere in forno preriscaldato a 200°C / 400°F / gas tacca 6 per 20 minuti fino a quando non lievitano bene e sono elastici al tatto.

Muffin alla banana

12 anni fa

225 g / 8 once / 2 tazze di farina semplice (per tutti gli usi)

100 g / 4 once / ½ tazza di zucchero semolato (superfino)

10 ml / 2 cucchiaini di lievito in polvere

2,5 ml / ½ cucchiaino di sale

1 uovo, leggermente sbattuto

250 ml / 8 fl oz / 1 tazza di latte

120 ml / 4 fl oz / ½ tazza di olio

2 banane, schiacciate

Mescolare la farina, lo zucchero, il lievito e il sale e fare un buco al centro. Unire gli ingredienti rimanenti e mescolare con gli ingredienti secchi fino a quando non saranno ben amalgamati. Non mescolare troppo. Versare in stampini (carta) o stampi unti (teglie) e cuocere in forno preriscaldato a 200°C / 400°F / gas tacca 6 per 20 minuti fino a quando non lievitano bene e sono elastici al tatto.

Muffin al ribes nero

12 anni fa

225 g / 8 once / 2 tazze di farina autolievitante (autolievitante)

75 g / 3 once / 1/3 di tazza di zucchero semolato (superfino)

2 albumi d'uovo

75 g / 3 once di ribes

200 ml / 7 fl oz / 1 tazza scarsa di latte

30 ml / 2 cucchiai di olio

Mescolare farina e zucchero. Montare leggermente gli albumi e unirli agli ingredienti secchi. Mescolare l'uva passa, il latte e l'olio. Versare in stampi per muffin unti (forminhas) e cuocere in forno preriscaldato a 200°C / 400°F / gas mark 6 per 15-20 minuti fino a doratura.

Muffin americani ai mirtilli

12 anni fa

150 g / 5 once / 1¼ tazze di farina semplice (per tutti gli usi)

75 g / 3 once / ¾ tazza di farina di mais

75 g / 3 once / 1/3 di tazza di zucchero semolato (superfino)

10 ml / 2 cucchiaini di lievito in polvere

Un po' di sale

1 uovo, leggermente sbattuto

75 g / 3 once / 1/3 di tazza di burro fuso o margarina

250 ml / 8 fl oz / 1 tazza di latticello

100 g / 4 once di mirtilli

Mescolare la farina, la farina di mais, lo zucchero, il lievito e il sale e fare un buco al centro. Aggiungere l'uovo, il burro o la margarina e il latticello e mescolare fino a ottenere un composto omogeneo. Aggiungere i mirtilli o le more. Versare negli stampini per muffin (cartine) e cuocere in forno preriscaldato a 200°C / 400°F / gas mark 6 per 20 minuti fino a doratura ed elasticità al tatto.

muffin alla ciliegia

12 anni fa

225 g / 8 once / 2 tazze di farina semplice (per tutti gli usi)

100 g / 4 once / ½ tazza di zucchero semolato (superfino)

100 g / 4 oz / ½ tazza di ciliegie glassate (candite)

10 ml / 2 cucchiaini di lievito in polvere

2,5 ml / ½ cucchiaino di sale

1 uovo, leggermente sbattuto

250 ml / 8 fl oz / 1 tazza di latte

120 ml / 4 fl oz / ½ tazza di olio

Mescolare la farina, lo zucchero, le ciliegie, il lievito e il sale e fare un buco al centro. Unire gli ingredienti rimanenti e mescolare con gli ingredienti secchi fino a quando non saranno ben amalgamati. Non mescolare troppo. Versare in stampini (carta) o stampi unti (teglie) e cuocere in forno preriscaldato a 200°C / 400°F / gas tacca 6 per 20 minuti fino a quando non lievitano bene e sono elastici al tatto.

Torte al cioccolato

fa 10-12

175 g / 6 once / 1½ tazza di farina (per tutti gli usi)

40 g / 1½ oz / 1/3 di tazza di cacao (cioccolato non zuccherato) in polvere

100 g / 4 once / ½ tazza di zucchero semolato (superfino)

10 ml / 2 cucchiaini di lievito in polvere

2,5 ml / ½ cucchiaino di sale

1 uovo grande

250 ml / 8 fl oz / 1 tazza di latte

2,5 ml / ½ cucchiaino di essenza di vaniglia (estratto)

120 ml / 4 fl oz / ½ tazza di olio di girasole o vegetale

Mescolare gli ingredienti secchi e fare un buco al centro. Mescolare bene l'uovo, il latte, l'essenza di vaniglia e l'olio. Mescolare velocemente il liquido negli ingredienti secchi fino a incorporarli tutti. Non mescolare eccessivamente; il composto deve risultare irregolare. Versare negli stampini (carta) o nelle teglie (teglie) e cuocere in forno preriscaldato a 200°C/400°F/gas 6 per circa 20 minuti finché non lievitano bene e diventano elastici al tatto.

Torte al cioccolato

12 anni fa

175 g / 6 once / 1½ tazza di farina (per tutti gli usi)

100 g / 4 once / ½ tazza di zucchero semolato (superfino)

45 ml / 3 cucchiai di cacao (cioccolato senza zucchero) in polvere

100 g / 4 once / 1 tazza di gocce di cioccolato

10 ml / 2 cucchiaini di lievito in polvere

2,5 ml / ½ cucchiaino di sale

1 uovo, leggermente sbattuto

250 ml / 8 fl oz / 1 tazza di latte

120 ml / 4 fl oz / ½ tazza di olio

2,5 ml / ½ cucchiaino di essenza di vaniglia (estratto)

Mescolare la farina, lo zucchero, il cacao, le gocce di cioccolato, il lievito e il sale e fare un buco al centro. Unire gli ingredienti rimanenti e mescolare con gli ingredienti secchi fino a quando non saranno ben amalgamati. Non mescolare troppo. Versare in stampini (carta) o stampi unti (teglie) e cuocere in forno preriscaldato a 200°C / 400°F / gas tacca 6 per 20 minuti fino a quando non lievitano bene e sono elastici al tatto.

muffin alla cannella

12 anni fa

225 g / 8 once / 2 tazze di farina semplice (per tutti gli usi)

100 g / 4 once / ½ tazza di zucchero semolato (superfino)

10 ml / 2 cucchiaini di lievito in polvere

5 ml / 1 cucchiaino di cannella in polvere

2,5 ml / ½ cucchiaino di sale

1 uovo, leggermente sbattuto

250 ml / 8 fl oz / 1 tazza di latte

120 ml / 4 fl oz / ½ tazza di olio

Mescolare la farina, lo zucchero, il lievito, la cannella e il sale e fare un buco al centro. Unire gli ingredienti rimanenti e mescolare con gli ingredienti secchi fino a quando non saranno ben amalgamati. Non mescolare troppo. Versare in stampini (carta) o stampi unti (teglie) e cuocere in forno preriscaldato a 200°C / 400°F / gas tacca 6 per 20 minuti fino a quando non lievitano bene e sono elastici al tatto.

muffin di farina di mais

12 anni fa

50 g / 2 once / ½ tazza di farina semplice (per tutti gli usi)

100 g / 4 once / 1 tazza di farina di mais

5 ml / 1 cucchiaino di lievito in polvere

1 uovo, separato

1 tuorlo d'uovo

30 ml / 2 cucchiai di olio di mais

30 ml / 2 cucchiai di latte

Mescolare la farina, la farina di mais e il lievito. Sbattere i tuorli, l'olio e il latte e unirli agli ingredienti secchi. Montare a neve ferma l'albume, poi incorporarlo al composto. Versare in stampi unti (carta) o stampi unti (teglie) e cuocere in forno preriscaldato a 200 ° C / 400 ° F / gas mark 6 per circa 20 minuti fino a doratura.

Muffin ai fichi interi

10 anni fa

100 g / 4 oz / 1 tazza di farina integrale (integrale)

5 ml / 1 cucchiaino di lievito in polvere

50 g / 2 once / ½ tazza di fiocchi d'avena

50 g / 2 oz / 1/3 di tazza di fichi secchi, tritati

45 ml / 3 cucchiai di olio

75 ml / 5 cucchiai di latte

15 ml / 1 cucchiaio di melassa nera (melassa)

1 uovo, leggermente sbattuto

Mescolare la farina, il lievito e l'avena e aggiungere i fichi. Scaldare l'olio, il latte e la melassa fino a quando non saranno ben amalgamati, quindi aggiungere gli ingredienti secchi con l'uovo e mescolare fino ad ottenere un impasto sodo. Mettere cucchiaiate di composto in stampi unti (carta) o stampi unti (forminhas) e cuocere in forno preriscaldato a 190°C / 375°F / gas 5 per circa 20 minuti fino a doratura.

Muffin alla frutta e crusca

fa 8

100 g / 4 oz / 1 tazza Tutti i cereali crusca

50 g / 2 once / ½ tazza di farina semplice (per tutti gli usi)

2,5 ml / ½ cucchiaino di lievito in polvere

5 ml / 1 cucchiaino di bicarbonato di sodio (bicarbonato di sodio)

5 ml / 1 cucchiaino di spezie macinate (torta di mele)

50 g / 2 once / 1/3 di tazza di uvetta

100 g / 4 once / 1 tazza di salsa di mele (salsa)

5 ml / 1 cucchiaino di essenza di vaniglia (estratto)

30 ml / 2 cucchiai di latte

Mescolare gli ingredienti secchi e fare un buco al centro. Mescolare l'uvetta, la salsa di mele e l'essenza di vaniglia e abbastanza latte per ottenere un composto omogeneo. Versare in stampini (carta) o stampi unti (teglie) e cuocere in forno preriscaldato a 200°C / 400°F / gas tacca 6 per 20 minuti finché non lievitano bene e sono dorati.

muffin all'avena

20 anni fa

100 g / 4 once / 1 tazza di farina d'avena

100 g / 4 once / 1 tazza di farina d'avena

225 g / 8 once / 2 tazze di farina integrale (integrale)

10 ml / 2 cucchiaini di lievito in polvere

50 g / 2 once / 1/3 di tazza di uvetta (opzionale)

375 ml / 13 fl oz / 1½ tazza di latte

10 ml / 2 cucchiaini di olio

2 albumi d'uovo

Mescolare l'avena, le farine e il lievito e aggiungere l'uvetta, se la si usa. Unire il latte e l'olio. Montare a neve ferma gli albumi e incorporarli al composto. Versare in stampi unti (carta) o stampi unti (teglie) e cuocere in forno preriscaldato a 190 ° C / 375 ° F / gas mark 5 per circa 25 minuti fino a doratura.

muffin all'avena

10 anni fa

100 g / 4 oz / 1 tazza di farina integrale (integrale)

100 g / 4 once / 1 tazza di farina d'avena

15 ml / 1 cucchiaio di lievito in polvere

100 g / 4 oz / 2/3 tazza di uva sultanina (uvetta dorata)

50 g / 2 once / ½ tazza di noci miste tritate

1 mela da mangiare (da dessert), sbucciata, priva di torsolo e grattugiata

45 ml / 3 cucchiai di olio

30 ml / 2 cucchiai di miele chiaro

15 ml / 1 cucchiaio di melassa nera (melassa)

1 uovo, leggermente sbattuto

90 ml / 6 cucchiai di latte

Mescolare la farina, l'avena e il lievito. Aggiungere l'uva sultanina, le noci e la mela. Scaldare l'olio, il miele e la melassa fino a quando non si sciolgono, quindi aggiungere abbastanza uovo e latte per ottenere una consistenza omogenea. Versare in stampi unti (carta) o stampi unti (teglie) e cuocere in forno preriscaldato a 190 ° C / 375 ° F / gas mark 5 per circa 25 minuti fino a doratura.

Muffin all'arancia

12 anni fa

100 g / 4 once / 1 tazza di farina autolievitante (autolievitante)

100 g / 4 once / ½ tazza di zucchero di canna morbido

1 uovo, leggermente sbattuto

120 ml / 4 fl oz / ½ tazza di succo d'arancia

60 ml / 4 cucchiai di olio

2,5 ml / ½ cucchiaino di essenza di vaniglia (estratto)

25 g / 1 oz / 2 cucchiai di burro o margarina

30 ml / 2 cucchiai di farina (per tutti gli usi)

2,5 ml / ½ cucchiaino di cannella in polvere

Mescolate in una ciotola la farina con il lievito e metà dello zucchero. Sbattere insieme l'uovo, il succo d'arancia, l'olio e l'estratto di vaniglia e aggiungere gli ingredienti secchi fino a quando non saranno ben amalgamati. Non mescolare troppo. Versare in stampini (carta) o stampi unti (teglie) e mettere in forno preriscaldato a 200°C / 400°F / gas mark 6 per 10 minuti.

Nel frattempo, rotolare il burro o la margarina per la guarnizione nella farina, quindi incorporare lo zucchero rimanente e la cannella. Cospargere i muffin e rimetterli in forno per altri 5 minuti fino a doratura.

muffin alla pesca

12 anni fa

225 g / 8 once / 2 tazze di farina semplice (per tutti gli usi)

100 g / 4 once / ½ tazza di zucchero semolato (superfino)

10 ml / 2 cucchiaini di lievito in polvere

2,5 ml / ½ cucchiaino di sale

1 uovo, leggermente sbattuto

175 ml / 6 fl oz / ¾ tazza di latte

120 ml / 4 fl oz / ½ tazza di olio

200 g / 7 oz / 1 barattolo di pesche, scolate e tritate

Mescolare la farina, lo zucchero, il lievito e il sale e fare un buco al centro. Unire gli ingredienti rimanenti e mescolare con gli ingredienti secchi fino a quando non saranno ben amalgamati. Non mescolare troppo. Versare in stampini (carta) o stampi unti (teglie) e cuocere in forno preriscaldato a 200°C / 400°F / gas tacca 6 per 20 minuti fino a quando non lievitano bene e sono elastici al tatto.

Muffin al burro di arachidi

12 anni fa

225 g / 8 once / 2 tazze di farina semplice (per tutti gli usi)

100 g / 4 once / ½ tazza di zucchero di canna morbido

10 ml / 2 cucchiaini di lievito in polvere

2,5 ml / ½ cucchiaino di sale

1 uovo, leggermente sbattuto

250 ml / 8 fl oz / 1 tazza di latte

120 ml / 4 fl oz / ½ tazza di olio

45 ml / 3 cucchiai di burro di arachidi

Mescolare la farina, lo zucchero, il lievito e il sale e fare un buco al centro. Unire gli ingredienti rimanenti e mescolare con gli ingredienti secchi fino a quando non saranno ben amalgamati. Non mescolare troppo. Versare in stampini (carta) o stampi unti (teglie) e cuocere in forno preriscaldato a 200°C / 400°F / gas tacca 6 per 20 minuti fino a quando non lievitano bene e sono elastici al tatto.

Muffin all'ananas

12 anni fa

225 g / 8 once / 2 tazze di farina semplice (per tutti gli usi)

100 g / 4 once / ½ tazza di zucchero di canna morbido

10 ml / 2 cucchiaini di lievito in polvere

2,5 ml / ½ cucchiaino di sale

1 uovo, leggermente sbattuto

175 ml / 6 fl oz / ¾ tazza di latte

120 ml / 4 fl oz / ½ tazza di olio

200 g / 7 oz / 1 barattolo piccolo di ananas, scolato e tritato

30 ml / 2 cucchiai di zucchero demerara

Mescolare la farina, lo zucchero di canna, il lievito e il sale e fare un buco al centro. Unire tutti gli ingredienti rimanenti tranne lo zucchero demerara e mescolare con gli ingredienti secchi fino a quando non saranno ben amalgamati. Non mescolare troppo. Versare in stampini per muffin (cartine) o stampini per muffin imburrati (padelle) e cospargere di zucchero demerara. Cuocere in forno preriscaldato a 200°C/400°F/gas mark 6 per 20 minuti fino a quando non sarà ben lievitato ed elastico al tatto.

muffin ai lamponi

12 anni fa

225 g / 8 once / 2 tazze di farina semplice (per tutti gli usi)

100 g / 4 once / ½ tazza di zucchero semolato (superfino)

10 ml / 2 cucchiaini di lievito in polvere

2,5 ml / ½ cucchiaino di sale

Lamponi 200 g

1 uovo, leggermente sbattuto

250 ml / 8 fl oz / 1 tazza di latte

120 ml / 4 fl oz / ½ tazza di olio vegetale

Mescolare la farina, lo zucchero, il lievito e il sale. Raccogliete i lamponi e fate un buco al centro. Mescolate l'uovo, il latte e l'olio e versateli negli ingredienti secchi. Mescolare delicatamente fino a quando tutti gli ingredienti secchi sono mescolati ma il composto è ancora grumoso. Non colpire troppo forte. Versare il composto in stampi unti (carta) o stampi unti (teglie) e cuocere in forno preriscaldato a 200 °C / 400 °F / gas mark 6 per 20 minuti fino a quando non sarà ben lievitato ed elastico al tatto.

Muffin ai lamponi e limone

12 anni fa

175 g / 6 once / 1½ tazza di farina (per tutti gli usi)

50 g / 2 once / ¼ di tazza di zucchero semolato

50 g / 2 once / ¼ di tazza di zucchero di canna morbido

10 ml / 2 cucchiaini di lievito in polvere

5 ml / 1 cucchiaino di cannella in polvere

Un po' di sale

1 uovo, leggermente sbattuto

100 g / 4 once / ½ tazza di burro fuso o margarina

120 ml / 4 fl oz / ½ tazza di latte

100 g di lamponi freschi

10 ml / 2 cucchiaini di scorza di limone grattugiata

Al tetto:
75 g di zucchero a velo (da pasticcere), setacciato

15 ml / 1 cucchiaio di succo di limone

In una ciotola mescolate la farina, lo zucchero semolato, lo zucchero di canna, il lievito, la cannella e il sale e fate una fontana al centro. Aggiungere l'uovo, il burro o la margarina e il latte e sbattere fino a quando gli ingredienti non saranno amalgamati. Mescolare i lamponi e la scorza di limone. Versare in stampi unti (carta) o stampi unti (teglie) e cuocere in forno preriscaldato a 180 °C / 350 °F / gas mark 4 per 20 minuti fino a doratura ed elasticità al tatto. Mescolare lo zucchero a velo e il succo di limone per la guarnizione e versare sopra i muffin caldi.

muffin all'uva sultanina

12 anni fa

225 g / 8 once / 2 tazze di farina semplice (per tutti gli usi)

100 g / 4 once / ½ tazza di zucchero semolato (superfino)

100 g / 4 oz / 2/3 tazza di uva sultanina (uvetta dorata)

10 ml / 2 cucchiaini di lievito in polvere

5 ml / 1 cucchiaino di spezie macinate (torta di mele)

2,5 ml / ½ cucchiaino di sale

1 uovo, leggermente sbattuto

250 ml / 8 fl oz / 1 tazza di latte

120 ml / 4 fl oz / ½ tazza di olio

Mescolare la farina, lo zucchero, l'uva sultanina, il lievito, le spezie miste e il sale e fare un buco al centro. Frullare gli ingredienti rimanenti fino a che liscio. Versare in stampini (carta) o stampi unti (teglie) e cuocere in forno preriscaldato a 200°C / 400°F / gas tacca 6 per 20 minuti fino a quando non lievitano bene e sono elastici al tatto.

Muffin alla melassa

12 anni fa

225 g / 8 once / 2 tazze di farina semplice (per tutti gli usi)

100 g / 4 once / ½ tazza di zucchero di canna morbido

10 ml / 2 cucchiaini di lievito in polvere

2,5 ml / ½ cucchiaino di sale

1 uovo, leggermente sbattuto

175 ml / 6 fl oz / ¾ tazza di latte

60 ml / 4 cucchiai di melassa nera (melassa)

120 ml / 4 fl oz / ½ tazza di olio

Mescolare la farina, lo zucchero, il lievito e il sale e fare un buco al centro. Frullare gli ingredienti rimanenti fino a che liscio. Non mescolare troppo. Versare in stampini (carta) o stampi unti (teglie) e cuocere in forno preriscaldato a 200°C / 400°F / gas tacca 6 per 20 minuti fino a quando non lievitano bene e sono elastici al tatto.

Muffin di melassa e avena

10 anni fa

100 g / 4 once / 1 tazza di farina semplice (per tutti gli usi)

175 g / 6 once / 1 tazza e mezzo di fiocchi d'avena

100 g / 4 once / ½ tazza di zucchero di canna morbido

15 ml / 1 cucchiaio di lievito in polvere

5 ml / 1 cucchiaino di cannella in polvere

2,5 ml / ½ cucchiaino di sale

1 uovo, leggermente sbattuto

120 ml / 4 fl oz / ½ tazza di latte

60 ml / 4 cucchiai di melassa nera (melassa)

75 ml / 5 cucchiai di olio

Mescolare la farina, l'avena, lo zucchero, il lievito, la cannella e il sale e fare un buco al centro. Unire gli ingredienti rimanenti e mescolare con gli ingredienti secchi fino a ottenere un composto molto liscio. Non mescolare troppo. Versare negli stampini (di carta) o negli stampini imburrati (teglie da forno) e cuocere in forno preriscaldato a 200°C / 400°F / gas mark 6 per 15 minuti fino a quando non saranno ben lievitati ed elastici al tatto.

pane tostato d'avena

fa 8

225 g / 8 once / 2 tazze di fiocchi d'avena

100 g / 4 oz / 1 tazza di farina integrale (integrale)

5 ml / 1 cucchiaino di sale

5 ml / 1 cucchiaino di lievito in polvere

50 g / 2 oz / ¼ di tazza di strutto (accorciamento)

30 ml / 2 cucchiai di acqua fredda

Mescolare gli ingredienti secchi e strofinare nello strutto fino a quando il composto non assomiglia al pangrattato. Mescolare in acqua a sufficienza per fare un impasto compatto. Stendere su un piano leggermente infarinato formando un cerchio di 18 cm/7 cm e tagliare in otto spicchi. Mettere su una teglia unta e cuocere in forno preriscaldato a 180°C / 350°F / gas mark 4 per 25 minuti. Servire con burro, marmellata o marmellata.

Frittate Di Fragole

18 anni fa

5 tuorli d'uovo

75 g / 3 once / 1/3 di tazza di zucchero semolato (superfino)

Un po' di sale

Scorza grattugiata di ½ limone

4 albumi d'uovo

40 g / 1½ oz / 1/3 di tazza di amido di mais (amido di mais)

40 g / 1½ oz / 1/3 di tazza di farina semplice (per tutti gli usi)

40 g / 1½ oz / 3 cucchiai di burro fuso o margarina

300 ml / ½ pt / 1¼ tazze di panna montata

Fragole 225g

Zucchero a velo, setacciato, per spolverare

Sbattere i tuorli con 25 g / 1 oz / 2 cucchiai di zucchero semolato fino a ottenere un composto chiaro e denso, quindi aggiungere il sale e la scorza di limone. Montare gli albumi a neve ferma, quindi aggiungere lo zucchero a velo rimanente e continuare a sbattere fino a ottenere un composto spumoso e lucido. Piegare i tuorli, quindi incorporare la farina di mais e la farina. Aggiungere il burro fuso o la margarina. Trasferire il composto in una tasca da pasticcere dotata di una punta liscia da 1/2 cm e versare in cerchi da 15 cm/6 cm su una teglia unta e foderata (biscotto). Cuocere in forno preriscaldato a 220°C/425°F/gas mark 7 per 10 minuti fino a quando non sarà colorato ma non dorato. Lasciate raffreddare.

Montare la panna a neve ferma. Stendere uno strato sottile su metà di ogni cerchio, adagiarvi sopra le fragole e finire con altra crema. Piega la metà superiore delle "omelette" sopra. Spolverare con zucchero a velo e servire.

Torte Di Menta Piperita

12 anni fa

100 g / 4 once / ½ tazza di burro o margarina, ammorbidito

100 g / 4 once / ½ tazza di zucchero semolato (superfino)

2 uova, leggermente sbattute

75 g / 3 oz / ¾ tazza di farina autolievitante (autolievitante)

10 ml / 2 cucchiaini di cacao (cioccolato non zuccherato) in polvere

Un po' di sale

225 g / 8 once / 11/3 tazze di zucchero a velo (da pasticcere), setacciato

30 ml / 2 cucchiai d'acqua

Qualche goccia di colorante alimentare verde

Qualche goccia di essenza di menta piperita (estratto)

Menta al cioccolato, tagliata a metà, per la decorazione

Sbattere il burro o la margarina e lo zucchero fino a ottenere un composto chiaro e spumoso e aggiungere gradualmente le uova. Unire la farina, il cacao e il sale. Versare in stampi da plumcake unti (teglie) e cuocere in forno preriscaldato a 200°C / 400°F / gas mark 6 per 10 minuti fino a quando non diventa elastico al tatto. Lasciate raffreddare.

Setacciare lo zucchero a velo in una ciotola e mescolare in 15 ml / 1 cucchiaio di acqua, quindi aggiungere il colorante alimentare e l'essenza di menta a piacere. Aggiungi più acqua se necessario per portarlo a una consistenza che ricopre il dorso di un cucchiaio. Spalmare la glassa sulle torte e decorare con caramelle al cioccolato.

Torte Di Uvetta

12 anni fa

175 g / 6 once / 1 tazza di uvetta

250 ml / 8 fl oz / 1 tazza di acqua

5 ml / 1 cucchiaino di bicarbonato di sodio (bicarbonato di sodio)

100 g / 4 once / ½ tazza di burro o margarina, ammorbidito

100 g / 4 once / ½ tazza di zucchero di canna morbido

1 uovo sbattuto

5 ml / 1 cucchiaino di essenza di vaniglia (estratto)

200 g / 7 once / 1¾ tazze di farina semplice (per tutti gli usi)

5 ml / 1 cucchiaino di lievito in polvere

Un po' di sale

Portare a ebollizione l'uvetta, l'acqua e il bicarbonato di sodio in una casseruola e cuocere a fuoco basso per 3 minuti. Lascia raffreddare finché non è tiepido. Sbattere il burro o la margarina e lo zucchero fino a ottenere un composto chiaro e spumoso. Aggiungere gradualmente l'uovo e l'essenza di vaniglia. Mescolare nella miscela di uvetta, quindi incorporare la farina, il lievito e il sale. Versare il composto in stampini per muffin (cartine) o stampini per muffin imburrati (forme) e cuocere in forno preriscaldato a 180 °C / 350 °F / gas mark 4 per 12–15 minuti fino a quando non saranno ben lievitati e dorati.

Riccioli di uvetta

24 anni fa

225 g / 8 once / 2 tazze di farina semplice (per tutti gli usi)

Un pizzico di spezie macinate (torta di mele)

5 ml / 1 cucchiaino di bicarbonato di sodio (bicarbonato di sodio)

225 g / 8 once / 1 tazza di zucchero semolato (superfino)

45 ml / 3 cucchiai di mandorle tritate

225 g / 8 once / 1 tazza di burro fuso o margarina

45 ml / 3 cucchiai di uvetta

1 uovo, leggermente sbattuto

Mescolare gli ingredienti secchi e aggiungere il burro fuso o la margarina, quindi l'uvetta e l'uovo. Mescolare bene fino a formare una pasta dura. Stendere su una superficie leggermente infarinata fino a ottenere uno spessore di circa 5 mm / ¼ e tagliare a strisce di 5 mm x 20 cm / ¼ x 8 pollici. Inumidire leggermente la superficie superiore con un po' d'acqua, quindi arrotolare ogni striscia di estremità corta. Mettere su una teglia unta (biscotto) e cuocere in forno preriscaldato a 200 ° C / 400 ° F / gas mark 6 per 15 minuti fino a doratura.

panini ai lamponi

Fa 12 pagnotte

225 g / 8 once / 2 tazze di farina semplice (per tutti gli usi)

7,5 ml / ½ cucchiaio di lievito in polvere

2,5 ml / ½ cucchiaino di spezie macinate (torta di mele)

Un po' di sale

75 g / 3 once / 1/3 di tazza di burro o margarina

75 g / 3 once / 1/3 di tazza di zucchero semolato (superfino), più zucchero extra per spolverare

1 uovo

60 ml / 4 cucchiai di latte

60 ml / 4 cucchiai di marmellata di lamponi (conserve)

Mescolare la farina, il lievito, il condimento e il sale e immergere nel burro o nella margarina fino a quando il composto non assomiglia al pangrattato. Aggiungi lo zucchero. Mescolare l'uovo e abbastanza latte per fare un impasto duro. Dividere in 12 palline e posizionarle su una teglia imburrata. Fate un buco con un dito al centro di ognuno e mettete un po' di confettura di lamponi. Spennellare con il latte e cospargere di zucchero a velo. Cuocere in forno preriscaldato a 220°C/425°F/gas mark 7 per 10-15 minuti fino a doratura. Completare con un po' più di marmellata, se necessario.

Gallette di riso integrale e girasole

12 anni fa

75 g / 3 once / ¾ tazza di riso integrale cotto

50 g / 2 once / ½ tazza di semi di girasole

25 g / 1 oz / ¼ di tazza di semi di sesamo

40 g / 1½ oz / ¼ di tazza di uvetta

40 g / 1½ oz / ¼ di tazza di ciliegie glassate (candite), divise in quarti

25 g / 1 oz / 2 cucchiai di zucchero di canna morbido

15 ml / 1 cucchiaio di miele chiaro

75 g / 3 once / 1/3 di tazza di burro o margarina

5 ml / 1 cucchiaino di succo di limone

Mescolare il riso, i semi e la frutta. Sciogliere lo zucchero, il miele, il burro o la margarina e il succo di limone e aggiungere al composto di riso. Versare in 12 stampini (carte per cupcake) e cuocere in forno preriscaldato a 200 ° C / 400 ° F / gas mark 6 per 15 minuti.

torte rock

12 anni fa

225 g / 8 once / 2 tazze di farina semplice (per tutti gli usi)

Un po' di sale

10 ml / 2 cucchiaini di lievito in polvere

50 g / 2 once / ¼ di tazza di burro o margarina

50 g / 2 oz / ¼ di tazza di strutto (accorciamento)

100 g / 4 oz / 2/3 tazza di frutta secca mista (miscela per torta di frutta)

100 g / 4 once / ½ tazza di zucchero demerara

Scorza grattugiata di ½ limone

1 uovo

15-30 ml / 1-2 cucchiai di latte

Sbattere insieme la farina, il sale e il lievito, quindi strofinare il burro o la margarina e lo strutto fino a ottenere un composto simile al pangrattato. Aggiungere la frutta, lo zucchero e la scorza di limone. Sbattere l'uovo con 15 ml / 1 cucchiaio di latte, aggiungere agli ingredienti secchi e mescolare fino a formare un impasto sodo, aggiungendo altro latte se necessario. Mettere mucchietti di composto su una teglia unta (biscotto) e cuocere in forno preriscaldato a 200°C / 400°F / gas mark 6 per 15-20 minuti fino a doratura.

Torte rock senza zucchero

12 anni fa

75 g / 3 once / 1/3 di tazza di burro o margarina

175 g / 6 once / 1¼ tazze di farina integrale (integrale)

50 g / 2 once / ½ tazza di farina d'avena

10 ml / 2 cucchiaini di lievito in polvere

5 ml / 1 cucchiaino di cannella in polvere

100 g / 4 oz / 2/3 tazza di uva sultanina (uvetta dorata)

Scorza grattugiata di 1 limone

1 uovo, leggermente sbattuto

90 ml / 6 cucchiai di latte

Strofinare il burro o la margarina nelle farine, nel lievito e nella cannella fino a ottenere un composto simile al pangrattato. Mescolare l'uva sultanina e la scorza di limone. Aggiungere l'uovo e il latte quanto basta per ottenere un composto omogeneo. Mettere cucchiai su una teglia unta (biscotto) e cuocere in forno preriscaldato a 200°C / 400°F / gas mark 6 per 15-20 minuti fino a doratura.

torte allo zafferano

12 anni fa

Un pizzico di zafferano macinato

75 ml / 5 cucchiai di acqua bollente

75 ml / 5 cucchiai di acqua fredda

100 g / 4 once / ½ tazza di burro o margarina, ammorbidito

225 g / 8 once / 1 tazza di zucchero semolato (superfino)

2 uova, leggermente sbattute

225 g / 8 once / 2 tazze di farina semplice (per tutti gli usi)

10 ml / 2 cucchiaini di lievito in polvere

2,5 ml / ½ cucchiaino di sale

175 g / 6 once / 1 tazza di uva sultanina (uvetta dorata)

175 g / 6 oz / 1 tazza di buccia mista tritata (candita)

Mettere a bagno lo zafferano in acqua bollente per 30 minuti e poi aggiungere acqua fredda. Sbattere il burro o la margarina e lo zucchero fino a ottenere un composto chiaro e spumoso e aggiungere gradualmente le uova. Mescolare la farina con il lievito e il sale, quindi incorporare 50 g / 2 oz / ½ tazza del composto di farina con l'uva sultanina e le scorze miste. Mescolare la farina nella miscela di panna alternativamente con l'acqua allo zafferano, quindi incorporare la frutta. Versare in stampini (cartine) o stampini imburrati e infarinati (forminhas) e cuocere in forno preriscaldato a 190°C / 375°F / gas 5 per circa 15 minuti fino a quando non diventa elastica al tatto.

Babà al rum

fa 8

100 g / 4 oz / 1 tazza di farina forte (pane)

5 ml / 1 cucchiaino di lievito secco easy mix

Un po' di sale

45 ml / 3 cucchiai di latte caldo

2 uova, leggermente sbattute

50 g / 2 once / ¼ di tazza di burro fuso o margarina

25 g / 1 oz / 3 cucchiai di ribes

Per lo sciroppo:
250 ml / 8 fl oz / 1 tazza di acqua

75 g / 3 once / 1/3 di tazza di zucchero semolato

20 ml / 4 cucchiaini di succo di limone

60 ml / 4 cucchiai di rum

Per la glassa e la decorazione:
60 ml / 4 cucchiai di marmellata di albicocche (conserva), setacciata (colata)

15 ml / 1 cucchiaio di acqua

150 ml / ¼ pt / 2/3 tazza di panna montata o doppia panna (pesante)

4 ciliegie glassate (candite), tagliate a metà

Alcune strisce di angelica, tagliate a triangoli

In una ciotola mescolate la farina, il lievito e il sale e fate un buco al centro. Mescolare il latte, le uova e il burro o la margarina e sbattere la farina per ottenere un impasto omogeneo. Raccogli i ribes. Stendere l'impasto in otto stampini individuali imburrati e infarinati (stampi tubolari) in modo da far lievitare solo un terzo degli stampini. Coprire con un involucro di plastica oleato (pellicola) e lasciare in un luogo caldo per 30 minuti fino a quando l'impasto non si alza in cima agli stampini. Cuocere in forno preriscaldato a 200°C/400°F/gas mark 6 per 15 minuti fino a doratura. Capovolgi gli stampini e lasciali raffreddare per 10 minuti, quindi rimuovi i dolcetti dagli stampini e mettili su un grande piatto piano. Bucherellare il tutto con una forchetta.

Per preparare lo sciroppo, scaldare a fuoco basso l'acqua, lo zucchero e il succo di limone, mescolando finché lo zucchero non si sarà sciolto. Aumentare il fuoco e portare a ebollizione. Togliere dal fuoco e aggiungere il rum. Distribuire lo sciroppo caldo sulle torte e lasciar riposare per 40 minuti.

Riscaldare la marmellata e l'acqua a fuoco basso fino a quando non saranno ben amalgamati. Spennellare le tate e disporle su un piatto da portata. Montare la panna e posizionarla al centro di ogni torta. Decorare con ciliegie e angelica.

pan di spagna

24 anni fa

5 tuorli d'uovo

75 g / 3 once / 1/3 di tazza di zucchero semolato (superfino)

7 albumi d'uovo

75 g / 3 once / ¾ tazza di farina di mais (amido di mais)

50 g / 2 once / ½ tazza di farina semplice (per tutti gli usi)

Sbattere i tuorli con 15 ml / 1 cucchiaio di zucchero fino a ottenere un composto chiaro e denso. Montare gli albumi a neve, quindi aggiungere lo zucchero rimanente fino a ottenere un composto denso e lucido. Mescolare la farina di mais con un cucchiaio di metallo. Con un cucchiaio di metallo, unire metà dei tuorli agli albumi e aggiungere i restanti tuorli. Incorporare molto delicatamente la farina. Trasferire il composto in una tasca da pasticcere munita di bocchetta (punta) normale da 2,5 cm/1 e condire le tortine, ben separate, su una teglia (biscotto) imburrata e foderata. Cuocere in forno preriscaldato a 200°C/400°F/gas mark 6 per 5 minuti, quindi ridurre la temperatura del forno a 180°C/350°F/gas mark 4 per altri 10 minuti fino a doratura ed elasticità al tatto .

Pan Di Spagna Al Cioccolato

12 anni fa

5 tuorli d'uovo

75 g / 3 once / 1/3 di tazza di zucchero semolato (superfino)

7 albumi d'uovo

75 g / 3 once / ¾ tazza di farina di mais (amido di mais)

50 g / 2 once / ½ tazza di farina semplice (per tutti gli usi)

60 ml / 4 cucchiai di marmellata di albicocche (conserva), setacciata (colata)

30 ml / 2 cucchiai d'acqua

1 quantità di rivestimento di cioccolato bollito

150 ml / ¼ pt / 2/3 tazza di panna pesante

Sbattere i tuorli con 15 ml / 1 cucchiaio di zucchero fino a ottenere un composto chiaro e denso. Montare gli albumi a neve, quindi aggiungere lo zucchero rimanente fino a ottenere un composto denso e lucido. Mescolare la farina di mais con un cucchiaio di metallo. Con un cucchiaio di metallo, unire metà dei tuorli agli albumi e aggiungere i restanti tuorli. Incorporare molto delicatamente la farina. Trasferire il composto in una tasca da pasticcere munita di bocchetta (punta) normale da 2,5 cm/1 e condire le tortine, ben separate, su una teglia (biscotto) imburrata e foderata. Cuocere in forno preriscaldato a 200°C/400°F/gas mark 6 per 5 minuti, quindi ridurre la temperatura del forno a 180°C/350°F/gas mark 4 per altri 10 minuti fino a doratura ed elasticità al tatto. Trasferire su una gratella.

Bollire la marmellata e l'acqua fino a renderla densa e ben amalgamata, quindi spennellare sopra le torte. Lasciate raffreddare. Passate i pan di spagna nella glassa al cioccolato e lasciate raffreddare. Montare la panna a neve ben ferma, poi farcire a sandwich la torta con la panna.

palle di neve estive

24 anni fa

100 g / 4 once / ½ tazza di burro o margarina, ammorbidito

100 g / 4 once / ½ tazza di zucchero semolato (superfino)

5 ml / 1 cucchiaino di essenza di vaniglia (estratto)

2 uova, leggermente sbattute

225 g / 8 once / 2 tazze di farina autolievitante (autolievitante)

120 ml / 4 fl oz / ½ tazza di latte

120 ml / 4 fl oz / ½ tazza di panna doppia (pesante)

25 g / 1 oz / 3 cucchiai di zucchero a velo (da pasticcere), setacciato

60 ml / 4 cucchiai di marmellata di albicocche (conserva), setacciata (colata)

30 ml / 2 cucchiai d'acqua

150 g / 5 once / 1¼ tazze di cocco essiccato (grattugiato)

Sbattere il burro o la margarina e lo zucchero fino a ottenere un composto chiaro e spumoso. Aggiungere gradualmente l'estratto di vaniglia e le uova, quindi aggiungere la farina alternandola al latte. Versare il composto in stampini per muffin imburrati e cuocere in forno preriscaldato a 180°C / 350°F / gas mark 4 per 15 minuti fino a quando saranno ben lievitati ed elastici al tatto. Trasferire su una gratella per raffreddare. Tagliare la parte superiore dei muffin.

Montare a neve ferma la panna e lo zucchero a velo, quindi versarne un po' su ogni scone e mettere il coperchio. Riscaldare la marmellata con l'acqua fino a renderla liscia, spennellare i muffin e cospargerli generosamente con il cocco.

Gocce Di Spugna

12 anni fa

3 uova sbattute

100 g / 4 once / ½ tazza di zucchero semolato (superfino)

2,5 ml / ½ cucchiaino di essenza di vaniglia (estratto)

100 g / 4 once / 1 tazza di farina semplice (per tutti gli usi)

5 ml / 1 cucchiaino di lievito in polvere

100 g / 4 oz / 1/3 di tazza di marmellata di lamponi (conserva)

150 ml di panna doppia (pesante), montata

Zucchero a velo, setacciato, per spolverare

Metti le uova, lo zucchero raffinato e l'essenza di vaniglia in una ciotola resistente al calore sopra una pentola di acqua bollente e sbatti fino a quando non si addensa. Togliere la ciotola dalla padella e aggiungere la farina e il lievito. Adagiare piccole cucchiaiate di composto su una teglia unta (biscotto) e cuocere in forno preriscaldato a 190 °C / 375 °F / gas mark 5 per 10 minuti fino a doratura. Trasferire su una griglia e lasciare raffreddare. Mettere le gocce su un panino con marmellata e panna acida e spolverare con zucchero a velo per servire.

Meringhe di base

fa 6–8

2 albumi d'uovo

100 g / 4 once / ½ tazza di zucchero semolato (superfino)

Sbattere gli albumi in una ciotola pulita e priva di grasso fino a formare picchi morbidi. Aggiungere metà dello zucchero e continuare a sbattere fino a quando il composto non raggiunge picchi rigidi. Mescolare lo zucchero rimanente con un cucchiaio di metallo. Foderare una teglia (biscotto) con pergamena e posizionare 6-8 mucchietti di meringa sulla teglia. Asciugare le meringhe in forno alla temperatura più bassa possibile per 2-3 ore. Lascia raffreddare su una gratella.

meringhe alle mandorle

12 anni fa

2 albumi d'uovo

100 g / 4 oz / ½ zucchero semolato (superfino)

100 g / 4 once / 1 tazza di mandorle tritate

Qualche goccia di essenza di mandorla (estratto)

12 mezze mandorle per decorare

Montare gli albumi a neve. Aggiungere metà dello zucchero e continuare a sbattere fino a quando il composto forma dei picchi rigidi. Aggiungere lo zucchero rimanente, le mandorle tritate e l'essenza di mandorle. Versare il composto in 12 dischi su una teglia imburrata e foderata (biscotto) e adagiarvi sopra una metà di mandorla. Cuocere in forno preriscaldato a 130°C / 250°F / manopola del gas ½ per 2-3 ore fino a quando non diventano croccanti.

Biscotti di meringa spagnola alle mandorle

16 anni fa

225 g / 8 once / 1 tazza di zucchero semolato

225 g / 8 once / 2 tazze di mandorle tritate

1 albume d'uovo

100 g / 4 once / 1 tazza di mandorle intere

Sbattere lo zucchero, le mandorle tritate e l'albume fino a che liscio. Formare una palla e appiattire l'impasto con un mattarello. Tagliare a fettine e adagiarle su una teglia unta. Premere una mandorla intera al centro di ogni biscotto (biscotto). Cuocere in forno preriscaldato a 160°C/325°F/gas mark 3 per 15 minuti.

simpatici cestini di meringa

fa 6

4 albumi d'uovo

225–250 g / 8–9 oz / 11 / 3–1½ tazze di zucchero a velo (da pasticcere), setacciato

Qualche goccia di essenza di vaniglia (estratto)

Montare gli albumi in una ciotola pulita, priva di grassi e resistente al calore fino a renderli spumosi, quindi aggiungere lo zucchero a velo seguito dall'estratto di vaniglia. Metti la ciotola sopra una pentola di acqua bollente e frusta fino a quando la meringa mantiene la sua forma e lascia una scia spessa quando la frusta viene rimossa. Foderare una teglia (biscotto) con pergamena e disegnare sei cerchi di 7,5 cm / 3 sulla carta. Usando metà della miscela di meringa, posiziona uno strato di meringa all'interno di ogni cerchio. Mettere il resto in una tasca da pasticcere e formare due strati di meringa attorno al bordo di ogni base. Asciugare in forno preriscaldato a 150°C/300°F/gas mark 2 per circa 45 minuti.

Patate fritte alle mandorle

10 anni fa

2 albumi d'uovo

100 g / 4 once / ½ tazza di zucchero semolato (superfino)

75 g / 3 once / ¾ tazza di mandorle tritate

25 g / 1 oz / 2 cucchiai di burro o margarina, ammorbidito

50 g / 2 once / 1/3 di tazza di zucchero a velo, setacciato

10 ml / 2 cucchiaini di cacao (cioccolato non zuccherato) in polvere

50 g / 2 oz / ½ tazza di cioccolato fondente (semidolce), fuso

Montare gli albumi fino a quando non formano picchi rigidi. Sbattere poco alla volta lo zucchero a velo. Aggiungere le mandorle tritate. Usando un tubo da 1 cm / ½ di lunghezza (punta), versare il composto in lunghezze di 5 cm / 2 in una teglia (biscotti) leggermente oliata. Cuocere in forno preriscaldato a 140°C / 275°F / gas mark 1 per 1–1½ ore. Lasciate raffreddare.

Sbattere il burro o la margarina, lo zucchero a velo e il cacao. Panini a coppie di biscotti (biscotti) insieme al ripieno. Sciogliere il cioccolato in una ciotola resistente al calore sopra una pentola di acqua bollente. Immergete i bordi delle meringhe nel cioccolato e lasciate raffreddare su una gratella.

Meringhe spagnole di mandorle e limone

30 anni fa

150 g / 5 once / 1¼ tazze di mandorle sbollentate

2 albumi d'uovo

Scorza grattugiata di ½ limone

200 g / 7 once / 1 tazza scarsa di zucchero semolato (superfino)

10 ml / 2 cucchiaini di succo di limone

Tostare le mandorle in forno preriscaldato a 150°C/300°F/gas mark 2 per circa 30 minuti fino a quando diventano dorate e aromatiche. Tritate grossolanamente un terzo delle noci e tritate finemente il resto.

Montare gli albumi a neve. Aggiungere la scorza di limone e due terzi dello zucchero. Aggiungere il succo di limone e sbattere fino a quando non diventa denso e lucido. Aggiungere lo zucchero rimanente e le mandorle tritate. Aggiungere le mandorle tritate. Adagiare cucchiaiate di meringa su una teglia unta foderata con un foglio di alluminio e mettere in forno preriscaldato. Ridurre immediatamente la temperatura del forno a 110°C / 225°F / ¼ di gas mark e cuocere per circa 1 ora e mezza fino a quando non si asciuga.

Meringhe con glassa al cioccolato

fa 4

2 albumi d'uovo

100 g / 4 once / ½ tazza di zucchero semolato (superfino)

100 g / 4 oz / 1 tazza di cioccolato fondente (semidolce)

150 ml di panna doppia (pesante), montata

Sbattere gli albumi in una ciotola pulita e priva di grasso fino a formare picchi morbidi. Aggiungere metà dello zucchero e continuare a sbattere fino a quando il composto non raggiunge picchi rigidi. Mescolare lo zucchero rimanente con un cucchiaio di metallo. Foderare una teglia (biscotto) con pergamena e posizionare otto mucchietti di meringa sulla teglia. Asciugare le meringhe in forno alla temperatura più bassa possibile per 2-3 ore. Lascia raffreddare su una gratella.

Sciogliere il cioccolato in una ciotola resistente al calore sopra una pentola di acqua bollente. Lascia raffreddare un po'. Immergere con cura quattro delle meringhe nel cioccolato in modo che le parti esterne siano coperte. Lasciarlo riposare su carta da forno (oleata) fino a quando non si indurisce. Unire alla panna una meringa ricoperta di cioccolato e una meringa semplice e ripetere con le restanti meringhe.

Meringhe al cioccolato alla menta

18 anni fa

3 albumi d'uovo

100 g / 4 once / ½ tazza di zucchero semolato (superfino)

75 g / 3 once / ¾ tazza di caramelle ricoperte di cioccolato tritato

Montare gli albumi a neve. Aggiungere gradualmente lo zucchero fino a quando i bianchi sono rigidi e lucidi. Aggiungi i proiettili tritati. Mettere piccole cucchiaiate di composto su una teglia unta e foderata (biscotto) e cuocere in forno preriscaldato a 140 ° C / 275 ° F / gas mark 1 per 1 ora e mezza fino a quando non si asciuga.

Gocce Di Cioccolato E Meringhe Di Noci

12 anni fa

2 albumi d'uovo

175 g / 6 once / ¾ tazza di zucchero semolato (superfino)

50 g / 2 once / ½ tazza di gocce di cioccolato

25 g / 1 oz / ¼ di tazza di noci, tritate finemente

Preriscalda il forno a 190°C / 375°F / gas mark 5. Sbatti gli albumi fino a formare picchi morbidi. Aggiungere gradualmente lo zucchero e sbattere fino a formare dei picchi rigidi. Aggiungere le gocce di cioccolato e le noci. Versare cucchiaiate di composto su teglie imburrate e infornare. Spegnete il forno e lasciate raffreddare.

meringhe alla nocciola

12 anni fa

100 g / 4 once / 1 tazza di nocciole

2 albumi d'uovo

100 g / 4 once / ½ tazza di zucchero semolato (superfino)

Qualche goccia di essenza di vaniglia (estratto)

Tenete da parte 12 noci per la decorazione e schiacciate il resto. Montare gli albumi a neve. Aggiungere metà dello zucchero e continuare a sbattere fino a quando il composto forma dei picchi rigidi. Aggiungere lo zucchero rimanente, le nocciole tritate e l'essenza di vaniglia. Versare il composto in 12 giri su una teglia unta e foderata e posizionare una noce riservata sopra ciascuno. Cuocere in forno preriscaldato a 130°C / 250°F / manopola del gas ½ per 2-3 ore fino a quando non diventano croccanti.

Torta Di Meringa Con Le Noci

Fa una torta di 23 cm / 9

Per la torta:

50 g / 2 once / ¼ tazza di burro o margarina, ammorbidito

150 g / 5 once / 2/3 tazza di zucchero semolato (superfino)

4 uova separate

100 g / 4 once / 1 tazza di farina semplice (per tutti gli usi)

10 ml / 2 cucchiaini di lievito in polvere

Un po' di sale

60 ml / 4 cucchiai di latte

5 ml / 1 cucchiaino di essenza di vaniglia (estratto)

50 g di noci pecan, tritate finemente

Per la crema:

250 ml / 8 fl oz / 1 tazza di latte

50 g / 2 once / ¼ di tazza di zucchero semolato (superfino)

50 g / 2 once / ½ tazza di farina semplice (per tutti gli usi)

1 uovo

Un po' di sale

120 ml / 4 fl oz / ½ tazza di panna doppia (pesante)

Per preparare la torta, sbattere il burro o la margarina con 100 g di zucchero fino a ottenere un composto chiaro e spumoso. Aggiungere poco alla volta i tuorli, unire la farina, il lievito e il sale alternandoli al latte e all'essenza di vaniglia. Versare in due tortiere da 23 cm unte e foderate e livellare la superficie. Montare gli albumi a neve ferma, quindi aggiungere lo zucchero rimanente e sbattere ancora fino a renderli sodi e lucidi. Stendere l'impasto della torta e cospargere con le noci. Cuocere in forno preriscaldato a 150°C/300°F/gas mark 3 per 45 minuti fino a quando la meringa è asciutta. Trasferire su una gratella per raffreddare.

Per fare la crema, mescolare un po' di latte con lo zucchero e la farina. Portare a ebollizione il latte rimanente in una casseruola, versarvi sopra il composto di zucchero e frullare fino a che liscio. Riporta il latte nella padella sciacquata e porta ad ebollizione, mescolando continuamente, quindi cuoci, mescolando continuamente, fino a quando non si addensa. Togliere dal fuoco e aggiungere l'uovo e il sale e lasciare raffreddare leggermente. Montare la panna a neve e incorporarla al composto. Lasciate raffreddare. Unire le torte alla panna.

Fette Di Amaretto Alla Nocciola

20 anni fa

175 g / 6 once / 1½ tazza di nocciole, sbollentate

3 albumi d'uovo

225 g / 8 once / 1 tazza di zucchero semolato (superfino)

5 ml / 1 cucchiaino di essenza di vaniglia (estratto)

5 ml / 1 cucchiaino di cannella in polvere

5 ml / 1 cucchiaino di scorza di limone grattugiata

Carta di riso

Tritare circa 12 nocciole e macinare il resto fino a tritarle finemente. Montare gli albumi fino ad ottenere una crema chiara e spumosa. Aggiungere gradualmente lo zucchero e continuare a sbattere fino a quando il composto forma dei picchi rigidi. Aggiungere le nocciole, l'essenza di vaniglia, la cannella e la scorza di limone. Mettere una pila di cucchiaini su una teglia foderata con carta di riso e stendere a strisce sottili. Lascia riposare per 1 ora. Cuocere in forno preriscaldato a 180°C/350°F/gas mark 4 per 12 minuti fino a quando non diventa sodo al tatto.

Strato di meringa e noci

Fa una torta di 25 cm / 10

100 g / 4 once / ½ tazza di burro o margarina, ammorbidito

400 g / 14 oz / 1¾ tazza di zucchero semolato (superfino)

3 tuorli d'uovo

100 g / 4 once / 1 tazza di farina semplice (per tutti gli usi)

10 ml / 2 cucchiaini di lievito in polvere

120 ml / 4 fl oz / ½ tazza di latte

100 g / 4 once / 1 tazza di noci

4 albumi d'uovo

250 ml / 8 fl oz / 1 tazza di panna doppia (pesante)

5 ml / 1 cucchiaino di essenza di vaniglia (estratto)

Cacao (cioccolato senza zucchero) in polvere per spolverare

Sbattere il burro o la margarina e 75 g / 3 once / ¾ di tazza di zucchero fino a ottenere un composto chiaro e spumoso. Aggiungere poco alla volta i tuorli e poi unire la farina e il lievito alternati al latte. Versare l'impasto in due stampi imburrati e infarinati da 25 cm / 10 in stampi per dolci (forminhas). Tenere da parte alcune metà di noce per la decorazione, tritare il resto e cospargere sulle torte. Montare gli albumi a neve, aggiungere lo zucchero rimanente e sbattere ancora fino a ottenere un composto denso e lucido. Distribuire sopra le torte e cuocere in forno preriscaldato a 180°C / 350°F / gas 4 per 25 minuti, coprendo la torta con carta da forno (oleata) a fine cottura se la meringa inizia a dorare troppo . Lasciate raffreddare negli stampini, poi girate le torte con sopra la meringa.

Montare a neve ferma la panna e l'essenza di vaniglia. Unire le torte, con la meringa rivolta verso l'alto, con metà della panna e spalmare sopra il resto. Decorare con le nocciole tenute da parte e cospargere con il cacao setacciato.

Montagne di meringa

fa 6

2 albumi d'uovo

100 g / 4 once / ½ tazza di zucchero semolato (superfino)

150 ml / ¼ pt / 2/3 tazza di panna doppia (pesante)

350 g di fragole, a fette

25 g / 1 oz / ¼ di tazza di cioccolato fondente (semidolce), grattugiato

Montare gli albumi a neve. Aggiungere metà dello zucchero e sbattere fino a ottenere un composto denso e lucido. Aggiungere lo zucchero rimanente. Arrotolare sei cerchi di meringa su carta da forno su una teglia. Cuocere in forno preriscaldato a 140°C/275°F/gas mark 1 per 45 minuti fino a ottenere un colore marrone chiaro e croccante. L'interno rimarrà piuttosto morbido. Togliere dalla teglia e lasciare raffreddare su una gratella.

Montare la panna a neve ferma. Ricoprire i cerchi di meringa con metà della crema, ricoprire con la frutta e decorare con la crema rimasta. Cospargere di cioccolato grattugiato sopra.

Meringhe alla crema di lamponi

6 porzioni

2 albumi d'uovo

100 g / 4 once / ½ tazza di zucchero semolato (superfino)

150 ml / ¼ pt / 2/3 tazza di panna doppia (pesante)

30 ml / 2 cucchiai di zucchero a velo

Lamponi 225g

Sbattere gli albumi in una ciotola pulita e priva di grasso fino a formare picchi morbidi. Aggiungere metà dello zucchero e continuare a sbattere fino a quando il composto non raggiunge picchi rigidi. Mescolare leggermente lo zucchero rimanente, usando un cucchiaio di metallo. Foderare una teglia (biscotto) con carta da forno e formare piccoli vortici di meringa sulla teglia. Asciugare le meringhe in forno alla temperatura più bassa possibile per 2 ore. Lascia raffreddare su una gratella.

Montare a neve ben ferma la panna con lo zucchero a velo, poi unire i lamponi. Utilizzare per fare un panino con coppie di meringhe e impilarle su un piatto da portata.

Torte Ratafià

16 anni fa

3 albumi d'uovo

100 g / 4 once / 1 tazza di mandorle tritate

225 g / 8 once / 1 tazza di zucchero semolato (superfino)

Montare gli albumi a neve. Aggiungere le mandorle e metà dello zucchero e sbattere ancora fino a quando non si ferma. Aggiungere lo zucchero rimanente. Disporre le fettine su una teglia unta e foderata (biscotto) e cuocere in forno preriscaldato a 150 ° C / 300 ° F / gas mark 2 per 50 minuti fino a quando non saranno asciutte e croccanti attorno ai bordi.

Vacherin al caramello

Fa una torta di 23 cm / 9

4 albumi d'uovo

225 g / 8 once / 1 tazza di zucchero di canna morbido

50 g / 2 once / ½ tazza di nocciole, tritate

300 ml / ½ pt / 1¼ tazze di panna doppia (pesante)

Qualche nocciola intera per decorare

Sbattere gli albumi fino a formare picchi morbidi. Aggiungere gradualmente lo zucchero fino a quando non diventa denso e lucido. Mettere la meringa in una tasca da pasticcere dotata di beccuccio liscio da 1 cm / ½ in (punta) e formare due spirali di meringa da 23 cm / 9 in una teglia unta e foderata (biscotto). Cospargere con 15 ml / 1 cucchiaio di noci tritate e cuocere in forno preriscaldato a 120 ° C / 250 ° F / gas mark ½ per 2 ore fino a quando non diventano croccanti. Trasferire su una gratella per raffreddare.

Montare la panna a neve ben ferma, quindi aggiungere le restanti noci. Utilizzare la maggior parte della panna per unire le fette di meringa, guarnire con la crema rimanente e guarnire con le nocciole intere.

Focaccine semplici

10 anni fa

225 g / 8 once / 2 tazze di farina semplice (per tutti gli usi)

Un po' di sale

2,5 ml / ½ cucchiaino di bicarbonato di sodio (bicarbonato di sodio)

5 ml / 1 cucchiaino di cremor tartaro

50 g / 2 once / ¼ di tazza di burro o margarina, a dadini

30 ml / 2 cucchiai di latte

30 ml / 2 cucchiai d'acqua

Mescolare farina, sale, bicarbonato e cremor tartaro. Arrotolare nel burro o nella margarina. Aggiungere lentamente il latte e l'acqua fino ad ottenere un impasto morbido. Impastare velocemente su una superficie infarinata fino a che liscio, quindi stendere a uno spessore di 1 cm/½ e tagliare in 5 cm/2 giri con un tagliabiscotti. Mettere gli scones (biscotti) su una teglia unta (biscotto) e cuocere in forno preriscaldato a 230 °C / 450 °F / gas mark 8 per circa 10 minuti fino a quando non lievitano bene e sono dorati.

Ricchi Gnocchi Di Uova

12 anni fa

50 g / 2 once / ¼ di tazza di burro o margarina

225 g / 8 once / 2 tazze di farina autolievitante (autolievitante)

10 ml / 2 cucchiaini di lievito in polvere

25 g / 1 oz / 2 cucchiai di zucchero semolato (superfino)

1 uovo, leggermente sbattuto

100 ml / 3½ fl oz / 6½ cucchiai di latte

Passare il burro o la margarina nella farina e nel lievito. Aggiungi lo zucchero. Aggiungere l'uovo e il latte fino ad ottenere un impasto morbido. Impastare leggermente su un piano infarinato, stendere a uno spessore di circa 1 cm/½ e tagliare a rondelle di 2 cm/2 cm con un tagliabiscotti. Arrotolare nuovamente i trucioli e tagliare. Mettere gli scones (biscotti) su una teglia unta (biscotto) e cuocere in forno preriscaldato a 230°C / 450°F / gas mark 8 per 10 minuti o fino a doratura.

focaccine di mele

12 anni fa

225 g / 8 once / 2 tazze di farina integrale (integrale)

20 ml / 1 cucchiaio e mezzo di lievito in polvere

Un po' di sale

50 g / 2 once / ¼ di tazza di burro o margarina

30 ml / 2 cucchiai di mela da cucina grattugiata (torta)

1 uovo sbattuto

150 ml / ¼ pt / 2/3 tazza di latte

Mescolare la farina, il lievito e il sale. Passare il burro o la margarina e aggiungere la mela. Incorporare gradualmente l'uovo e il latte quanto basta per ottenere un impasto morbido. Stendere su un piano leggermente infarinato ad uno spessore di circa 5 cm/2 e tagliare a rondelle con un coppapasta. Disponete gli scones (biscotti) su una teglia unta e spennellateli con l'uovo rimasto. Cuocere in forno preriscaldato a 200°C/400°F/gas mark 6 per 12 minuti fino a doratura.

Scones di mele e cocco

12 anni fa

50 g / 2 once / ¼ di tazza di burro o margarina

225 g / 8 once / 2 tazze di farina autolievitante (autolievitante)

25 g / 1 oz / 2 cucchiai di zucchero semolato (superfino)

30 ml / 2 cucchiai di cocco essiccato (grattugiato)

1 mela da mangiare (da dessert), sbucciata, priva di torsolo e tritata

150 ml / ¼ pt / 2/3 tazza di yogurt bianco

30 ml / 2 cucchiai di latte

Strofina il burro o la margarina nella farina. Aggiungere lo zucchero, il cocco e la mela, quindi unire lo yogurt fino ad ottenere un impasto morbido, aggiungendo un po' di latte se necessario. Stendere su una superficie leggermente infarinata a uno spessore di circa 1/2 cm e tagliare a rondelle con un tagliabiscotti. Adagiare gli scones (biscotti) su una teglia unta (biscotto) e cuocere in forno preriscaldato a 220 °C / 425 °F / gas mark 7 per 10-15 minuti finché non si alzano e diventano dorati.

Focaccine di mele e datteri

12 anni fa

50 g / 2 once / ¼ di tazza di burro o margarina

225 g / 8 once / 2 tazze di farina semplice (per tutti gli usi)

5 ml / 1 cucchiaino mescolato con spezie (torta di mele)

5 ml / 1 cucchiaino di cremor tartaro

2,5 ml / ½ cucchiaino di bicarbonato di sodio (bicarbonato di sodio)

25 g / 1 oz / 2 cucchiai di zucchero di canna morbido

1 piccola mela da cucina (torta), sbucciata, priva di torsolo e tagliata a dadini

50 g di datteri snocciolati, tritati

45 ml / 3 cucchiai di latte

Strofina il burro o la margarina nella farina, nelle spezie miste, nel cremor tartaro e nel bicarbonato di sodio. Aggiungere lo zucchero, la mela e i datteri, quindi aggiungere il latte e sbattere fino a che liscio. Impastare leggermente, stendere su un piano infarinato ad uno spessore di 2,5 cm/1 e tagliare a rondelle con un coppapasta. Posizionare gli scones (biscotti) su una teglia unta (biscotto) e cuocere in forno preriscaldato a 220 ° C / 425 ° F / gas mark 7 per 12 minuti fino a quando non si alzano e diventano dorati.

www.ingramcontent.com/pod-product-compliance
Lightning Source LLC
Chambersburg PA
CBHW070404120526
44590CB00014B/1244